普通高等学校应急管理系列教材

应急预案编制与演练

主　编　申　霞
副主编　郑学召　赵玉岐

应急管理出版社
·北　京·

内 容 提 要

本书全面阐述了应急预案编制与演练的理论与方法。全书分为九章，前五章详细介绍了应急预案的编制与管理，主要包括突发事件应急预案、应急预案体系、应急预案的编制准备、应急预案的编制步骤、应急预案管理；后四章则对应急演练作了系统性介绍，包括应急演练概述、应急演练准备、应急演练的实施、应急演练的评估总结与改进。

本书可作为高等院校应急管理、公共安全相关专业的教材使用，也可作为政府、社会组织及企事业单位相关人员的培训参考教材使用。

出版说明

2003年“非典”疫情以后，党和国家高度重视应急管理工作，应急管理事业快速发展，我国部分高校在行政管理、公共管理、公共事业管理等专业中开展应急管理的高等教育。2018年应急管理部组建后，坚持以习近平新时代中国特色社会主义思想为指导，深入贯彻落实习近平总书记关于应急管理重要论述和党中央国务院决策部署，我国应急管理事业取得了令人瞩目的成效，全社会对应急管理高度关注。在高等教育领域，全国数十家高校陆续成立应急管理学院或特设应急管理、应急技术与管理等专业，致力于教育和培养适应社会需求的应急管理人才，为推进应急管理体系和能力现代化提供人才保障。

当前，对大多数高校来说，开展应急管理教育仍是一个新课题、新任务、新挑战，暂时还没有权威的教学标准可执行，也没有太多成熟的经验可参考。各高校对应急管理学科建设、专业设置、培养目标、课程体系、教授内容等的认识也存在一些分歧，特别是在课程设置和教材使用上各有侧重、差别较大。为适应新时代应急管理事业发展，服务应急管理部中心工作和高校应急管理教育工作，发挥部属出版社应急科技文化传播作用，满足应急管理教育教学、人才培养对教材的迫切需求，针对市场上应急管理教材比较稀缺、内容相对陈旧的状况，我们同中共中央党校（国家行政学院）、中国矿业大学（北京）、华北科技学院、防灾科技学院、河南理工大学、太原理工大学、西安科技大学、中国人民警察大学等高校充分沟通交流，决定共同编写出版一套适应新形势新要求的普通高等学校应急管理教材，为教学提供支撑。

为保证教材编写质量，力争将教材打造为“适合本科教学、体现时代特色、内容科学共通、兼顾社会需求”的引领性精品教材，我们成立了教材编审工作组，确定了“汇聚众智，取长补短，联编共用”的原则，筛选和确定了教材目录和主编学校，遴选了主编和编写人员，审定了编写提纲，拟定了编写要求、编写出版进度安排等。在教材编审过程中，我们严格贯彻落实教育部相关文件精神，实行主编负责制，由具有副高及以上职称的教师担任教材主编；按照“逢编必审”的要求，邀请业内专家对教材提纲和初稿进行评审；按照出版规范，认真对书稿进行编辑把关。

这套教材正陆续出版发行。总的来说，教材的内容科学严谨、成熟可靠，框架结构完整全面、层次清晰，编排符合认知规律，深度广度适中，理论与实践（案例）相结合，文字精练流畅、通俗易懂，适合普通高等学校应急管理、应急技术与管理等专业的本科教学，亦可供高职高专学校应急管理专业学生、企事业单位从事应急管理等的人员参考使用。

应急管理是一门新兴交叉学科，其内涵十分丰富，当前，在业界对其认识尚未完全达成一致的情况下编写出版一套反映新时代应急管理理论研究和实践成果的教材是一件不容易的事。尽管如此，我们和编者仍然知难而上，以“摸着石头过河”的态度先行先试，积累经验。希望越来越多的高校和教师加入我们的队伍中来，为编写出版工作献计献策、提出建议。我们也将根据应急管理事业的发展和人们对应急管理认识的深化，与时俱进地对教材进行补充、调整和完善。

应急管理出版社

二〇二一年九月

前　言

应急管理这一概念是针对突发事件提出的，是对突发事件全过程的管理。2003 年起，我国逐步建立起了“一案三制”应急管理体系，即应急预案、应急体制、应急机制和应急法制。在应急管理工作中，突发事件的处置占据中心地位，应急预案作为突发事件处置的蓝图和方案，指导着应急处置的全过程。为了更加科学、高效地应对和处置突发事件，各级政府、社会组织以及企事业单位纷纷编制了相应的应急预案。

虽然应急预案的数量在不断增加，但是预案的编制质量仍存在诸多问题：一是缺乏完整性。目前很多预案并未按照科学的程序制定，比如缺乏充分的应急能力评估、风险评估和资源调查评估等，应急预案的核心要素和应急功能描述不全面，不能满足应急活动的需求。二是缺乏系统性。上下级预案、同级预案、政府与企业或者相邻地区之间的预案没有很好地衔接，从组织机构、应急处置程序到职责划分存在较多盲点、重叠和矛盾，缺乏相关部门之间必要的协调，常会造成应急响应行动时职责不清、指挥不力、操作混乱等局面。三是缺乏可操作性。很多预案的应急方法和处置措施不具体，责任不明确，应急预案的编制没有充分考虑自身可能存在的重大危险及其后果和应急能力的实际情况，应急救援方面的可操作性不强。四是缺乏演练。预案编制完成后未能得到很好地宣传、培训、演练、实施与维护，应急预案编制完成并不等于突发事件的应急救援工作有了保障，应急预案能否在突发事件应急救援中发挥作用，不仅取决于预案本身的完善程度，还取决于预案的后期实施情况，如预案的宣传、培训及演练情况。

演练是检验应急预案有效性的重要方法。通过开展演练，能够摸清应对突发事件的物资、装备、人员等是否满足需求，能够发现预案中规定的突发事件处置程序和处置措施是否得当，能够更好地对应急管理工作者和公众实施应急救援知识与技能的培训，能够发现应急准备和应急能力方面的各种问题，从而为改进政府和企事业单位的应急管理工作提供方向和目标。

做好一场演练的根本是要有科学合理的演练计划和方案，只有按照演练方案做好各项准备工作，才能保障演练顺利实施。但目前的演练大多数流于形式，难以取得成效，这与演练方案设计不合理、不严谨有很大关系。

为有效改善目前我国应急预案编制与演练中存在的各类问题，同时为了满足国内应急管理工作者和相关专业学生的需要，我们编写了这本教材。本书理论与实际相结合，在帮助读者系统掌握应急预案编制与演练基础知识的同时，引入了国内外近年来应急管理方面的实际案例，引导读者从实践和理论上加深认识。

本书由河南理工大学申霞任主编并负责统稿，西安科技大学郑学召、华北科技学院赵玉岐任副主编。其中，第1~3章由申霞执笔，第4~6章由郑学召执笔，第7~9章由赵玉岐执笔。

本书编写过程中参考了多位前辈、同行的研究成果，在此表示诚挚的感谢！同时，由于作者水平有限，书中难免有不足之处，敬请读者批评指正！

编　者

2023年6月

目　录

1 突发事件应急预案

人类社会的发展史是一部与灾害抗争的历史。从我国的女娲补天、大禹治水等上古神话，到圣经故事中的挪亚方舟等，都有关于灾害的记载。进入现代社会，传统灾害没有消失，由人类自身引发的新兴灾害却不断出现。其中既有人类活动影响造成的气候变化和环境灾难，也有生产生活直接引起的各类事故灾难，更有蓄意制造的暴恐事件。只要有灾害降临，人类社会就要有所作为。面对不断发生的各种灾害事故，人们日益认识到，只有做好充分准备，才能更大限度地减少生命和财产损失。应急预案作为人们应对突发事件最重要的准备，成为应急管理工作的重中之重。

案例导入

2021 年 7 月 17 日至 23 日，河南省遭遇历史罕见特大暴雨，发生严重洪涝灾害，特别是 7 月 20 日郑州市遭受重大人员伤亡和财产损失。全省因灾死亡、失踪 398 人，其中郑州市 380 人，新乡市 10 人，平顶山市、驻马店市、洛阳市各 2 人，鹤壁市、漯河市各 1 人。郑州市因灾死亡、失踪人数占全省的 95.5%。据核查评估，全省共有 150 个区县（市）1478.6 万人受灾，直接经济损失 1200.6 亿元，其中郑州市 409 亿元，占全省 34.1%。

此次特大暴雨是在西太平洋副热带高压异常偏北、夏季风偏强等气候背景下，同期形成的 2 个台风汇聚输送海上水汽，与河南上空对流系统叠加，遇伏牛山、太行山地形抬升形成的一次极为罕见特大暴雨过程，对河南全省造成了严重冲击。强降雨在郑州市自西向东移动加强，河流洪水汇集叠加，加之郑州地形西南高、东北低，属丘陵山区向平原过渡地带，造成外洪内涝并发，灾情极为严重。郑州市的雨情汛情灾情主要有以下特点：一是暴雨过程长、范围广、总量大，短历时降雨极强；二是主要河流洪水大幅超历史水平，堤防水库险情多发重发；三是城区降雨远超排涝能力，居民小区公共设施受淹严重；四是山丘区洪水峰高流急涨势迅猛，造成大量人员伤亡。

此次灾害应对处置过程中暴露出许多问题与短板，其中涉及应急预案的问题有：一是应急响应严重滞后，《郑州市防汛应急预案》明确了启动Ⅰ级响应的 7 个条件，其中之一为“常庄水库发生重大险情”，但在常庄水库开始出现“管涌”险情后，郑州市未按规定启动Ⅰ级响应，郑州市以气象灾害预报信息为先导的防汛应急响应机制尚未有效建立，应急行动与预报信息发布明显脱节，直到气象部门发布第5次红色预警，才启动Ⅰ级响应，但也没有按预案要求宣布进入紧急防汛期。二是在气象部门发布第2次暴雨红色预警时，市委市政府主要负责人仍没有予以足够重视，行动不果断，措施不得力，没有按红色预警果断采取停止集会、停课、停业措施。三是在灾害应对过程中，郑州市委市政府缺乏全局统筹，对市领导在前后方、点和面上的指挥没有统一的具体安排，关键时刻无市领导在指挥中心坐镇指挥、掌控全局。四是城管、水利部门预警信息只发送给区县（市）防指或相关部门单位，未按预案规定向社会发布①。

1.1 突发事件与应急管理

1.1.1 突发事件

1. 突发事件的定义及特点

给人类社会造成各种损失的灾害和灾难，我们称之为“突发事件”。《中华人民共和国突发事件应对法》对突发事件的定义是：突发事件是指突然发生，造成或者可能造成严重社会危害，需要采取应急处置措施予以应对的自然灾害、事故灾难、公共卫生事件和社会安全事件。

根据这一定义，突发事件具有如下特点。

1）突发性

突发性是针对突发事件的发生形式而言的，是指突发事件的发生难以预料。一方面，事发的突然性会造成短时间内突发事件信息高度缺失，使得决策者不能及时充分掌握信息。另一方面，事发的突然性要求管理者迅速作出决策、调动和配置一切资源进行应对，尽快控制事态，消除不利后果。

2）不确定性

一方面，突发事件从始至终都处于不断变化的过程之中，其发展态势和后果很难确定，可能会不断升级或延伸扩展，对人员伤亡、财产损失、社会系统的基本价值和行为准则产生严重威胁等。另一方面，突发事件一旦得不到有效遏制，由于风险的系统性和突发事件的“涟漪效应”，一种类型的突发事件可能会相继引发多种类型的次生、衍生突发事件，或成为各类突发事件的耦合，造成复合性灾难，如果处置不及时或不当，会产生严重后果。

3）危害性

危害性是针对突发事件造成的影响和后果而言的。不论什么性质和规模的突发事件，

① 国务院灾害调查组．河南郑州“7·20”特大暴雨灾害调查报告［R］．2022年1月。

都会不同程度地给国家和人民造成政治、经济上的损失或精神上的伤害，都会影响政治局面的稳定、破坏经济建设、危及正常的工作和生活秩序，甚至威胁人类的生存。突发事件造成的损害有直接损害和间接损害，这种损害不仅体现在人员的伤亡、组织的消失、财产的损失和环境的破坏上，而且体现在突发事件对社会心理和个人心理所造成的破坏性冲击，并进而渗透到社会生活的各个层面。突发事件越严重，其危害范围和破坏力就越大，所造成的危害会在短时间内大范围蔓延，滋生出更严重、更广泛的危害。

4）复杂性

首先，引起突发事件的原因相当复杂。有自然因素造成的突发事件，有人为因素造成的突发事件，还有自然因素和人为因素耦合造成的突发事件。其次，突发事件的后果是复杂的。突发事件影响的地域往往比较广，涉及的人员比较多，还会引起多米诺骨牌效应，这种连锁反应使得突发事件变得更加复杂。

5）社会性

由于突发事件在时间、地点、危害程度、危害对象上的不确定性，并受到人的社会性及其与经济、文化、宗教、科技等方面联系的影响，再加上新兴媒体的作用，因此突发事件所威胁和影响的不单单是特定人群的生命、财产安全和地域的社会生活与秩序。

2. 突发事件的分类

《中华人民共和国突发事件应对法》将突发事件分为自然灾害、事故灾难、公共卫生事件和社会安全事件四大类。自然灾害主要包括气象水文灾害、地震灾害、地质灾害、海洋灾害、生物灾害和生态环境灾害等；事故灾难主要包括工矿商贸等企业的各类安全事故、交通运输事故、公共设施和设备事故、环境污染和生态破坏事件等；公共卫生事件主要包括传染病疫情、群体性不明原因疾病、食品安全和职业危害、动物疫情以及其他严重影响公众健康和生命安全的事件；社会安全事件主要包括恐怖袭击事件、经济安全事件和涉外突发事件等。

这种分类方法本质上是基于事件发生的诱因进行分类，意义在于：一方面为预防突发事件提供客观依据和线索，另一方面为政府及其有关部门采取应急措施提供依法行政的依据。

3. 突发事件的分级

对突发事件进行分级是应急处置的基础，针对不同级别的突发事件，从而采取不同强度的应急措施。此外，由于事件的级别水平将直接决定预警信息的发布水平、响应的启动级别、处置规模与手段的抉择等诸多问题，因此有必要对突发事件进行分级①。

按照社会危害程度和影响范围等因素，《中华人民共和国突发事件应对法》将自然灾害、事故灾难、公共卫生事件分为特别重大、重大、较大和一般四级。同时，根据突发事件可能造成的危害程度、紧急程度和发展趋势，将可以预警的自然灾害、事故灾难和公共卫生事件的预警级别也划分为四个等级，并依次用不同颜色标明。

---

① 薛澜，钟开斌．突发公共事件分类、分级与分期：应急体制的管理基础［J］．中国行政管理，2005（2）：102－107．

突发事件的分级标准由国务院或者国务院确定的部门制定。例如，根据生产安全事故造成的人员伤亡或者直接经济损失，《生产安全事故报告和调查处理条例》将生产安全事故分为特别重大、重大、较大、一般四级。生产安全事故分级标准见表1-1。

表1-1 生产安全事故分级标准

生产安全事故分级	分级标准（满足下列条件之一）
特别重大事故	造成30人以上死亡，或者100人以上重伤（包括急性工业中毒），或者造成1亿元以上直接经济损失
重大事故	造成10人以上、30人以下死亡，或者50人以上、100人以下重伤（包括急性工业中毒），或者造成5000万元以上、1亿元以下直接经济损失
较大事故	造成3人以上、10人以下死亡，或者10人以上、50人以下重伤（包括急性工业中毒），或者造成1000万元以上、5000万元以下直接经济损失
一般事故	造成3人以下死亡，或者10人以下重伤（包括急性工业中毒），或者造成1000万元以下直接经济损失

《国家地震应急预案》将地震灾害事件分为特别重大、重大、较大、一般四级。地震灾害分级标准见表1-2。

表1-2 地震灾害分级标准

地震灾害分级	分级标准（满足下列条件之一）
特别重大地震灾害	1. 造成300人以上死亡（含失踪） 2. 直接经济损失占地震发生地省（区、市）上年国内生产总值1%以上 3. 人口较密集地区发生7.0级以上地震 4. 人口密集地区发生6.0级以上地震
重大地震灾害	1. 造成50人以上、300人以下死亡（含失踪） 2. 造成严重经济损失 3. 人口较密集地区发生6.0级以上、7.0级以下地震 4. 人口密集地区发生5.0级以上、6.0级以下地震
较大地震灾害	1. 造成10以上、50人以下死亡（含失踪） 2. 造成较重经济损失 3. 人口较密集地区发生5.0级以上、6.0级以下地震 4. 人口密集地区发生4.0级以上、5.0级以下地震
一般地震灾害	1. 造成10人以下死亡（含失踪） 2. 造成一定经济损失 3. 人口较密集地区发生4.0级以上、5.0级以下地震

4. 突发事件的分期

突发事件的应对是一个动态发展的过程，任何一起突发事件都有一个酝酿、爆发、发展、减缓的过程，而只有对每一个阶段进行区别与划分，才能制定与执行符合各个阶段特点的应急处置策略。因此，对突发事件进行阶段性分期，是有效执行应急措施的基础，也是不断深化应急管理工作的基础①。

突发事件可以分为酝酿期、爆发期、缓解期和善后期。通过对突发事件进行分期，可以将政府及其有关部门的任务分解到不同的阶段中，科学地、有针对性地安排各个时期的应急管理工作。

1）酝酿期

预防突发事件的发生，是应急管理的内在要求。预防工作是应对突发事件的基础性工作，做好这一工作，一方面可以避免突发事件的发生，另一方面即使事件发生也可以有效减少人员伤亡和财产损失。

2）爆发期

大多数突发事件的发生都是有苗头和征兆的。通过监测与预警工作，经由科学的分析和判断，可以做到早发现、早报告、早预警、早处置，突发事件就可能被消除或者控制在萌芽状态，不至于演变成重大突发事件。

3）减缓期

突发事件发生后，事件发生或受影响的单位或政府应按照应急预案的规定立即启动应急响应，与地方驻军、社会应急力量密切协作，最大限度地降低突发事件的损害性后果，有效保护民众生命健康和财产安全，防止事态扩大和次生、衍生事件滋生。

4）善后期

处置工作结束后，应争取尽快恢复生产、生活、工作秩序，制定恢复重建计划并修复公共设施；同时，还要进行整体、系统的评估，便于将来从灾难中学习，避免类似事件发生或降低同类事件带来的损失。

需要强调的是，应急管理的周期，即“预防与应急准备—监测与预警—应急处置与救援—恢复与重建”是一个循环的、无始无终的过程。科学地恢复重建，就是最好的预防和准备；实事求是地总结评估，则会提高今后的监测预警和应急处置水平。所以，加强应急管理可以从突发事件的任何一个阶段切入，而不重处置，轻预防；重救援，轻恢复②。

1.1.2 应急管理

1. 应急管理的定义

应急管理是近年来出现的一门新兴学科，目前还没有一个被普遍接受的定义。闪淳昌在《应急管理概论：理论与实践》一书中将应急管理定义为：应急管理是针对各类突发事件（包括自然灾害、事故灾难、公共卫生事件与社会安全事件），从预防与应急准备、监测与预警、应急处置与救援到善后恢复与重建等全方位、全过程的管理。我国学者陈安给出的定义是：应急管理是为了降低事件危害，基于对造成突发事件的原因、突发事件的发生和发展过程以及所产生负面影响的科学分析，有效集成社会各方面资源，运用现代技

---

① 闪淳昌，薛澜. 应急管理概论：理论与实践［M］. 北京：高等教育出版社，2012.

② 汪永清.《中华人民共和国突发事件应对法》解读［M］. 北京：中国法治出版社，2007.

术手段和现代管理方法，对突发事件进行有效监测、应对、控制和处理。王宏伟在《应急管理理论与实践》一书中将应急管理定义为：为预防与应对自然灾害、事故灾难、公共卫生事件和社会安全事件，将政府、企业和第三方部门的力量有效结合起来而进行的减缓、准备、响应与恢复活动。唐彦东在《应急管理学原理》一书中将应急管理定义为：组织为了创造和保护价值而采取的减灾、准备、应对和恢复的连续过程。

2. 应急管理的内涵

应急管理是个复杂的、开放的系统工程。但在实践中，应急管理所包含的内容更丰富①。

（1）从研究对象和范围上看，应急管理是一门专门以“突发事件”为对象，探寻事件发生、发展规律并系统防范和应对的科学。应急管理的对象不仅包括常规性的突发事件，也囊括了重大的、影响生死存亡的事件或状态。虽然“应急管理”也注重理论的建构，也强调预防、缓解、响应和恢复等管理过程的每一个环节，但是它更多的是在实务或操作层面上使用这一概念。由此可见，应急管理是为应对突发事件开展的管理活动，旨在保障公共安全，避免或减少因突发事件所造成的生命、财产损失和社会秩序。

（2）从管理主体上看，中国强调“党委领导、政府负责、社会协同、公众参与”。应急管理是社会管理的重要内容，强调“政府主导、社会参与”。《中华人民共和国突发事件应对法》第七条规定，县级人民政府对本行政区域内突发事件的应对工作负责；涉及两个以上行政区域的，由有关行政区域共同的上一级人民政府负责，或者由各有关行政区域的上一级人民政府共同负责。第十一条规定，公民、法人和其他组织有义务参与突发事件应对工作。例如，在2008年“5·12”汶川大地震中，中国政府组织了高效的应急救援和“对口支援”，大量的非政府组织（NGO）和志愿者也积极配合政府参与应急救援与灾后重建，创造了抗震救灾的伟大胜利。

（3）从管理客体上看，应急管理强调对突发事件的综合管理。按照《中华人民共和国突发事件应对法》第三条规定，应急管理的客体包括自然灾害、事故灾难、公共卫生事件和社会安全事件，应急管理是对上述四类突发事件的综合管理。

（4）从管理过程上看，应急管理强调对突发事件全过程的管理。按照《中华人民共和国突发事件应对法》第二条规定，应急管理包括突发事件的预防与应急准备、监测与预警、应急处置与救援、事后恢复与重建四个过程，使突发事件应急管理工作贯穿于各个过程，并充分体现“预防为主、常备不懈”的应急管理理念。

应急管理是政府的基本职责，它是公共服务的组成部分，而且是需求程度较高的重要组成部分。从这个意义上讲，突发事件的管理能力是判断各级政府行政能力的重要标准之一②。

3. 应急管理的特点

1）状态的特殊性

应急管理是政府管理的一种特殊状态和特殊形式，需要在紧急情况下进行指挥和决

① 闪淳昌，薛澜．应急管理概论：理论与实践［M］．北京：高等教育出版社，2012.

② 薛克勋．中国大中城市政府紧急事件响应机制研究［M］．北京：中国社会科学出版社，2005.

策。常态管理是指通过制定和执行规章制度去管理正常的活动，可以提前进行安排和规划，具有高度的确定性，其行为和后果一般都可以提前进行预期。在常态管理遇到挑战的应急管理状态下（仍然在常态政府管理的范围内），从作出决策到执行，时间短，有时情况不明、信息不清楚，需要立即决断、压缩繁杂的程序，故而有较大的风险和难度。

2）措施的紧迫性

应急管理的对象是突然发生，造成或者可能造成严重社会危害的自然灾害、事故灾难、公共卫生事件和社会安全事件，要求决策者在紧急情况下采取应急处置措施予以应对。因此，应急管理要求在较短时间内，以最有效的方式处置突发事件。一般而言，应急管理需要面对三个要素：事件的发生发展具有突发性和破坏性；可供管理者利用的时间、信息等资源非常有限；事态发展的后果很难预料。由于突发事件的特殊性，政府在应急管理中具有不同于常态管理的特征。其在管理权限、资源调动、管理手段、工作程序以及相应的组织机构等方面都显示出采取措施紧迫的特性。

3）目标的公共性

应急管理的任务是尽可能地控制事态，在突发事件发生后把损失控制在一定范围内，在事态失控后要争取重新掌控。突发事件是发生在公共领域的事件，威胁的是全社会或局部社会的利益，可能给全体公众或部分公众的生命健康和财产安全造成巨大损失。因此，突发事件影响的是公共利益。应急管理就是要最大限度地避免和减少突发事件给公众造成的生命健康和财产损失，维护公共利益、维护公共安全。因此,应急管理的目标具有公共性。

4）权力的权威性

处理突发事件特别是重大突发事件时，面对各种新情况、新问题，政府在进行应急管理过程中，必须动用各种权威性公共权力。如征用单位和个人的财产，应急救援所需设备、设施、场地、交通工具和其他物资；请求其他地方政府提供人力、物力、财力或者技术支援；要求生产、供应生活必需品和应急救援物资的企业组织生产、保证供给；要求提供医疗、交通等公共服务的组织提供相应的服务。因此，在突发事件应对过程中，政府应急管理的一些原则、程序和方式将不同于正常状态。管理权力将更加集中，决策和行政程序将更加简化，一些行政行为将带有更大的强制性等。

5）过程的循环性

应急管理是突发事件应对的一系列活动，贯穿突发事件应对全过程。一方面，应急管理贯穿于突发事件的事前、事发、事中、事后的全过程，包括预防与应急准备、监测与预警、应急处置与救援、恢复与重建等一系列活动；另一方面，应急管理是事前、事后管理和事发、事中应急的有机统一，各个阶段的活动彼此相互联系、相互影响。当然，由于突发事件演变迅速，各个阶段之间的划分有时不一定很容易确认，而且很多时候是不同阶段相互交织、循环往复，从而形成突发事件特定的生命周期。

4. 应急管理的目的及基本原则

1）应急管理的目的

应急管理的目的是预防和减少突发事件的发生，控制、减轻和消除突发事件引起的严重社会危害，提高突发事件预防和应对管理能力，规范突发事件应对管理活动，保护人民生命财产安全，维护国家安全、公共安全、生态环境安全和社会秩序。

2）应急管理的基本原则

从根本上看，应急管理的使命体现在两个方面：将突发事件消灭在萌芽状态，即有效地预防，充分地准备；突发事件发生后，实现影响最小化，即快速地处置，妥善地恢复。两者不可偏废。为了有效地预防与处置突发事件，应急管理者要遵循一定的原则，以指导自己的应急管理实践。

（1）预防为主，防救结合。突发事件应急管理要以预防为第一要务，实现预防与救援相结合，因为任何成功的救援都难以完全消除突发事件的全部影响。《中华人民共和国突发事件应对法》第五条规定，突发事件应对工作实行预防为主、预防与应急相结合的原则。使突发事件消于无形之际，这是一种较为理想的状态。但是，越来越多的突发事件会超越人的防范能力。所以，我们不能因采取预防措施而忽视应急救援。

（2）人民至上，生命至上。突发事件应急管理要突显以人为核心的理念，将人的生命安全置于至高无上的地位，要先救人、后救物，因为人的生命高于一切，是不可复制的。“以人为本”的理念与在应急管理过程中引入行政成本的理念并非彼此矛盾。只有将保护人的生命放在第一位，考虑应急行政成本才有意义。

（3）依靠科学，快速反应。突发事件应急管理要以科学理念为指导、以科学技术为支撑，采用科学的方法，作出快速响应，进行高效处置。

（4）社会动员，全民参与。突发事件应急管理要发挥政府的主导作用，有效动员企业及社会蕴藏的人力、物力和财力，形成应对突发事件的合力。同时，增强全民的公共安全和风险防范意识，提高全社会的避险救助能力。

（5）军民结合，平战结合。在应急管理中，武装力量一向是不容忽视的重要力量。他们往往是一个国家应对突发事件的最后屏障。在我国突发事件应急管理中要发挥中国人民解放军、中国人民武装警察部队和民兵预备役的骨干和突击作用，使其平时训练、急时应急、战时应战。

（6）安全效益与经济效益兼顾。在应急管理中，我们要以较小的经济成本，实现最大的公共安全效益。因为应急资金来自于公民纳税，“不惜一切代价”的说法是值得商榷的。既要避免响应不足，也要防止响应过度。响应不足会损害安全效益，而响应过度则会损害经济效益。

（7）信息公开，引导舆论。在应急管理中，我们要满足社会公众的知情权，做到信息透明、信息公开。但是，涉及国家机密、商业机密和个人隐私的信息除外。不仅如此，我们在应急管理中还要积极地对社会公众的舆情进行监控，了解社会公众的所思、所想、所愿。同时，对舆情进行有效引导。

总之，在应急管理中，我们必须要做到依靠法制、依靠科学与依靠人民群众并重。人民群众在生产与生活实践中积累了大量经验和丰富知识。因此，应急管理应土洋结合、专群结合、立足现有、整合资源。一味地追求技术上的高、精、尖往往只会造成较大的浪费。相对而言，应急制度比应急技术更重要，而支撑制度的则是文化。中国应急管理发展的当务之急是建立应急制度，发展公共安全文化①。

---

① 王宏伟. 应急管理理论与实践［M］. 北京：社会科学文献出版社，2010.

5. 应急管理重要领域之间的关系

广义地说，应急管理是指将政府、企业、社会组织和公民个人的力量整合起来，统筹应对自然灾害、事故灾难、公共卫生事件和社会安全事件等四大类突发事件的行动。它是一个闭合的流程，包括预防、准备、响应、恢复四个阶段。在机构改革中，广义与狭义的冲突让人觉得异常纠结。例如，北京市应急管理委员会的职责是广义的应急管理，具有全主体、全风险、全过程的特点。但就北京市应急管理局而言，只整合了主要自然灾害应对职责和安全生产职责。公共卫生事件和社会安全事件的应对职能没有被整合进应急管理部门，因为公共卫生事件和社会安全事件的应对是相应主责部门日常职能的延伸，难以切割。而且，社会安全事件直接涉及国家安全中的国内安全维度，与政权安全、制度安全问题密切相关，由中央政法委领导。

防灾减灾本义是对自然灾害进行防范和风险削减。但是，应急管理改革后，它的内涵也发生了变化，通常被表述为“防灾减灾救灾”。其中，救灾既指事中的救援，也指事后的救助。所以，防灾减灾可以被认为是自然灾害应急管理。安全生产主要是对生产安全进行监督、执法，以预防事故发生和事故发生后组织、开展应急救援以及调查评估。从应急管理的理念看，安全生产的重心在于事故风险的防范。改革前，安全生产领域的“应急”主要是指事故发生后组织、开展应急救援，而不是全过程的“应急管理”的简称。需要说明的是，从世界各国经验看，将安全生产纳入应急管理的范畴是我国的一个特点，这是因为我国生产安全事故多发、高发、频发的态势使然。在这种背景下，安全生产可以被认为是生产安全事故应急管理，涉及全流程，只不过其工作重心在生产安全事故的预防，即风险防范。生产安全事故是我国事故灾难的主要组成部分，但不是全部。

防灾减灾与安全生产都要体现应急管理的原则与要求，体现应急管理的规律，而灾害与生产安全事故不同的是，前者主要是自然致灾因子引发的，后者主要是技术致灾因子引发的。当自然灾害发生时，人们更容易将其归因为“不可抗力”；当生产安全事故发生后，人们则倾向于查找背后的人为因素。而且，生产安全事故应对较为注重技术。所以，统合自然灾害与生产安全事故的应对存在一定的困难。但是，同为突发事件，其管理行为一定存在共性规律。当自然灾害引发的事故灾难发生时，这种统合的意义就会非常大。

由此可见，防灾减灾和安全生产是应急管理的两个重要方面，它们与应急管理的关系是个别与一般的关系。将防灾减灾和安全生产整合是必要的，原因：一是自然灾害可能导致事故灾难，表现为自然－技术灾难，如南方雪灾；二是事故灾难也可能以自然灾害形式表现出来，如深圳垃圾受纳场滑坡事件。在应急管理部门内部，安全生产监管应与自然灾害管理积极融合，摆脱习惯性思维的羁绊，共同与应急救援队伍做好对接。

根据以上研究，可以得出以下三点结论：第一，在风险社会，应急管理是综合性的，没有边界，是全社会的共同责任。但是，新组建的应急管理部门在职责上却是有边界的。由于现代应急管理应对复杂性风险的需要，我国未来应在加强综合统筹上做足文章。第二，应急管理与灾害管理、安全生产是共性与个性、一般性与特殊性的关系。灾害管理与安全生产应适应应急管理的理念和模式，而非相反。第三，自然灾害与生产安全事故不同，但也存在管理上的共性。灾害管理与安全生产监管要在存异的同时，积极融合。改革是一场创新性的革命，实现融合要求人们走出“舒适区”，以新理念、新思维、新实践走出一条具有中国特色的应急管理新路子。此外，“大应急”管理还包括公共卫生事件应急管理和社会安全事件应急管理。它们与灾害管理、安全生产是相互倚重的关系，甚至存在一定的职能交叉。例如，历史上职业卫生健康职责不停地在安全生产和公共卫生部门之间“摇摆”。应急管理改革可以立足于更大的格局，对四大类突发事件的应对统筹考量。当然，这必须提升应急管理部门的组织架构层次①。

1.2 应急预案概述

1.2.1 应急预案的定义

应急预案是预先编制的突发事件发生时的处置方案，就是在预先知道会发生某种突发事件的情况下，制订一套最佳的应对方案，尽可能减少突发事件造成的损失和减轻其恶劣后果。应急预案与政府工作和每一个人的日常生活都紧密相关。

《突发事件应急预案管理办法》对应急预案的定义是：各级人民政府及其部门、基层组织、企事业单位、社会团体等为依法、迅速、科学、有序应对突发事件，最大限度减少突发事件及其造成的损害而预先制定的工作方案。《生产经营单位生产安全事故应急预案编制导则》(GB/T 29639—2020) 对应急预案的定义是：针对可能发生的事故，为最大限度减少事故损害而预先制定的应急准备工作方案。以上两个定义对应急预案的表述方式稍有不同，但其核心概念是一致的，即“应急预案是为应对突发事件而预先制定的工作方案”。

我们可以这样理解应急预案：应急预案是依据法律、法规和各项规章制度，结合本部门的历史经验、实践积累和本地区实际情况，在辨识和评估潜在的重大危险、事件类型、发生的可能性及发生过程、事件后果及影响严重程度的基础上，对应急机构与职责、人员、技术、装备、设备、设施、物资、救援行动及其指挥与协调等方面预先作出的具体安排，它明确了在突发事件发生之前、发生过程中以及刚刚结束之后，谁负责做什么，何时做，以及相应的处置方法和资源准备等。概括起来说就是：应急预案是组织针对可能发生的突发事件，在风险评估、应急资源调查和应急能力评估的基础上，为迅速、有序开展应急管理工作而预先制定的行动方案。

1.2.2 应急预案的地位和作用

1. 应急预案的地位

应急预案是根据国家相关法律法规和标准规范要求制定的，预案本身也是具有一定法律效力的文件。应急预案的法律效力主要表现在其法规的强制力与问责制的实施。法律效力的内涵体现在：一是对机构和人员的效力，应急预案涉及的机构和个人必须按照应急预案的要求履行其职责；二是对事的效力，应急预案规定的应急准备（主要指各类资源的

① 王宏伟. 健全应急管理体系探析：从制度优势到治理效能［M］. 北京：应急管理出版社，2020.

准备)、响应程序、响应行动，都必须按其要求实施。

2. 应急预案的作用

(1) 应急预案是各类突发事件的应急基础。通过编制应急预案，可以对那些事先无法预料的突发事件起到基本的应急指导作用，成为开展应急救援的“底线”。在此基础上，可以针对特定灾害事故类别编制专项应急预案，并有针对性地开展专项应急准备活动。

(2) 应急预案确定了应急救援的范围和体系，使应急管理不再无据可依、无章可循。尤其是通过培训和演练，使应急人员熟悉自己的任务，具备完成指定任务所需的相应能力，并检验预案和行动程序，评估应急人员的整体协调性。

(3) 应急预案有利于作出及时的应急响应，降低事故后果。应急预案预先明确了应急各方的职责和响应程序，在应急资源等方面进行了先期准备，可以指导应急救援迅速、高效、有序地开展，将事故的人员伤亡、财产损失和环境破坏降到最低限度。

(4) 应急预案建立了与上级单位和部门应急救援体系的衔接，可以确保发生超过本级应对能力的突发事件时与有关应急机构进行联系和协调。

(5) 应急预案有利于提高风险防范意识。应急预案的编制、评审、发布、宣传、教育和培训，有利于各方了解可能面临的灾害事故及其相应的应急措施，有利于促进各方提高风险防范意识和能力。

1.2.3 应急预案的分类

各类潜在的突发事件，其风险类型和规模有很大差异。因而，对应急预案进行分类对于形成预案体系、编制应急预案工作具有重要的指导意义。在编制应急预案时应当结合实际，做到重点突出，反映出本地区的主要突发事件风险，并合理划分各类预案的适用范围，保证各类预案之间无缝衔接。

国务院办公厅印发的《突发事件应急预案管理办法》将应急预案按照制定主体进行划分，分为政府及其部门应急预案、单位和基层组织应急预案两大类。政府及其部门应急预案主要包括总体应急预案、专项应急预案、部门应急预案等；单位和基层组织应急预案主要包括机关、企业、事业单位、村民委员会、居民委员会、社会团体等编制的应急预案。

(1) 总体应急预案。总体应急预案是应急预案体系的总纲，是政府组织应对突发事件的总体制度安排。总体应急预案应当围绕突发事件事前、事中、事后全过程，主要明确应对工作涉及的基本原则、事件分类分级、预案体系构成、组织指挥体系与职责，以及风险防控、监测预警、处置救援、恢复重建、综合保障、预案管理等内容。

(2) 专项应急预案。专项应急预案是政府为应对某一类型或某几种类型突发事件，或者针对重要目标物保护、重大活动保障、应急资源保障等重要专项工作而预先制定的涉及多个部门职责的工作方案。

(3) 部门应急预案。部门应急预案是政府有关部门根据总体应急预案、专项应急预案和部门职责，为应对本部门（行业、领域）突发事件，或者针对重要目标物保护、重大活动保障、应急资源保障等涉及部门工作而预先制定的工作方案。

（4）企事业单位应急预案。企事业单位应急预案是各企事业单位根据有关法律、法规，结合单位特点制定的本单位应急救援的详细行动计划和技术方案，是单位应对突发事件的操作指南。预案确立了单位是其内部发生突发事件的责任主体，突发事件发生时，责任主体单位立即按照预案开展应对工作。

（5）重大活动应急预案。重大活动应急预案是指举办大型会展和文化体育等重大活动，主办或承办机构结合实际情况组织编制的应急预案。如2008年北京奥运会、2010年上海世博会、2010年广州亚运会等重大活动应急预案。重大活动应急预案侧重明确重大活动组织指挥体系、外围保障体系、预案体系构成、主要任务、活动安全风险隐患及防范措施、应急联动、监测预警、信息报告、应急处置、人员疏散撤离组织和路线等内容。

【本章重点】

1. 突发事件是指突然发生，造成或者可能造成严重社会危害，需要采取应急处置措施予以应对的自然灾害、事故灾难、公共卫生事件和社会安全事件。
2. 突发事件具有突发性、不确定性、危害性、复杂性和社会性。
3. 应急管理具有状态的特殊性、措施的紧迫性、目标的公共性、权力的权威性和过程的循环性等特点。
4. 应急预案是组织针对可能发生的突发事件，在风险评估、应急资源调查和应急能力评估的基础上，为迅速、有序开展应急管理工作而预先制定的行动方案。
5. 应急预案分类，按照制定主体进行划分，分为政府及其部门应急预案、单位和基层组织应急预案两大类。

【本章习题】

1. 什么是突发事件？
2. 什么是应急预案？试述突发事件与应急预案的关系。
3. 目前有哪些种类的应急预案？
4. 应急预案的法律效力表现在什么地方？

2 应急预案体系

应急预案体系是国家、地方、行业领域或企事业单位的全部应急预案所形成的一个有机整体。我国的应急预案体系是在“非典”之后逐步形成的。2003 年 12 月，国务院办公厅应急预案工作小组的成立，标志着中国应急预案体系建设的开始。按照“横向到边、纵向到底”的原则，各级地方政府及其部门编制的总体应急预案、专项应急预案和部门应急预案陆续制定或修订，至 2005 年初框架体系初步形成。2006 年初，国务院发布的《国家突发公共事件总体应急预案》中，将我国应急预案体系设计为国家总体应急预案、专项应急预案、部门应急预案、地方应急预案、企事业单位应急预案以及大型活动应急预案，至此我国应急预案框架体系基本确立。2007 年，第十届全国人民代表大会常务委员第二十九次会议通过了《中华人民共和国突发事件应对法》。此项法律实施后，相关部门开始组织对有关预案进行修订完善，应急预案体系工作也不断深化。2013 年，国务院办公厅印发了《突发事件应急预案管理办法》。随着各项法律法规的颁发，相关部门在预案体系的完备、充实、可操作和无缝衔接等方面开展了大量工作，推动应急预案体系的不断优化完善[①②]。

案例导入

2008 年 1 月，我国中东部地区发生自新中国成立以来范围最广、强度最大、持续时间最长、灾害发生最严重的低温雨雪冰冻天气，对我国公路、铁路和航空交通运输、电力供应和传输、工农业生产及人民群众生活造成了严重影响。17 个省（自治区）不同程度受灾，其中湖南、湖北、贵州、广西、江西、安徽等 6 个省（自治区）受灾最为严重。此次南方大范围低温雨雪冰冻属历史罕见，也对我国的突发事件应对工作形成了极大的挑战，各有关部门纷纷按照应急预案开展应急处置工作。

---

① 刘铁民．突发事件应急预案体系概念设计研究［J］．中国安全生产科学技术，2011，7（8）：5－13.

② 赖俊彦，张媛，南燕云，等．应急预案体系标准化构建的初步研究［J］．灾害学，2021，36（4）：138－145.

在抗击低温雨雪冰冻灾害中，我国日益完善的应急预案体系发挥着重要作用。1月23日，国家电网按照《国家电网公司处置电网大面积停电事件应急预案》启动应急响应，南方电网也启动相应应急响应，全力抢修受损的电网设施；1月底，各电信、邮政运营部门全面启动应急响应，打造抗灾通信保障线；1月25日上午，中国气象局启动重大气象灾害预警应急预案Ⅲ级应急响应命令，27日上午上升为Ⅱ级应急响应命令，贵州、湖南、江西、安徽、江苏、浙江、广西、广东等省（自治区）也启动了重大气象灾害应急响应；1月24日，铁路部门按照预案紧急启动应急响应，加强调度指挥，全力组织晚点列车赶点；受低温雨雪冰冻天气影响的各地纷纷启动了公路春运应急响应；1月30日，民政部按照《国家自然灾害救助应急预案》启动应急响应，第一时间派出工作组赶到灾区一线，帮助和指导做好抗灾救灾工作。

在这场自然灾害中，应急预案体系的建立使各项抗灾救灾工作更加有序进行，尽可能地减少了损失。各地区及有关部门及时按照相关应急预案启动应急响应，按照预案在预测预警、应急处置、恢复重建、信息发布和应急保障等方面的要求，积极落实各项救灾措施，维护灾区交通、治安秩序，组织恢复电力、通信等市政基础设施功能，开展受灾群众生活救助工作，努力把人民群众生命财产损失降到最低程度。

2.1 政府应急预案体系

政府应急预案体系完善与否直接反映了政府及其部门应急管理工作的水平，也从一定程度上决定了应急处突能力的高低。政府应急预案体系包括各级人民政府及其部门制定的总体应急预案、专项应急预案和部门应急预案。不同层级的预案侧重点不同，国家层面预案侧重明确突发事件的应对原则、组织指挥机制、预警分级和事件分级标准、信息报告要求、分级响应及响应行动、应急保障措施等，重点规范国家层面应对行动，同时体现政策性和指导性；省级预案侧重明确突发事件的组织指挥机制、信息报告要求、分级响应及响应行动、队伍物资保障及调动程序、市县级政府职责等，重点规范省级层面应对行动，同时体现指导性；市县预案侧重明确突发事件的组织指挥机制、风险评估、监测预警、信息报告、应急处置措施、队伍物资保障及调动程序等内容，重点规范市（地）级和县级层面应对行动，体现应急处置的主体职能；乡镇（街道）预案侧重明确突发事件的预警信息传播、组织先期处置和自救互救、信息收集报告、人员临时安置等内容，重点规范乡镇层面应对行动，体现先期处置特点。

2.1.1 政府总体应急预案

政府总体应急预案是应急预案体系的总纲，是政府组织应对突发事件的总体制度安排。总体应急预案主要规定突发事件应对的基本原则、组织体系、运行机制，以及应急保障的总体安排等，明确相关各方的职责和任务。

1. 总则

1）编制目的

为了更好地控制和处置区域内可能出现的各类突发事件，通过构建统一领导、权责一致、权威高效的应急能力体系，使得突发事件对人民群众生命及财产安全造成的损失降至最低，从而维持社会治安与经济秩序稳定，增强政府的应急能力与水平。

2）适用范围

适用于本级政府所辖区域的突发事件的应急处置与救援。

3）工作原则

（1）以人为本。切实履行政府的社会管理和公共服务职能，把保障公众健康和生命财产安全作为首要任务，最大限度地减少突发事件及其造成的人员伤亡和危害。

（2）预防为主。高度重视公共安全工作，常抓不懈，防患于未然。增强忧患意识，坚持预防与应急相结合，常态与非常态相结合，做好应对突发事件的各项准备工作。

（3）统一领导。在政府的统一领导下，建立健全统一指挥、专常兼备、反应灵敏、上下联动的应急管理体制，充分发挥专业应急指挥机构的作用。

（4）依法合规。依据有关法律、法规、规章，加强应急管理，维护公众的合法权益，使应对突发事件的工作规范化、制度化、法制化。

（5）系统全面。遵循属地为主原则，完善协调联动机制，发挥政府、企业、个体等多主体的能力与作用，加强应急救援队伍建设。

2. 风险分析

风险分析一般包括以下几个方面。

1）描述辖区关键要素

辖区关键要素是指与突发事件影响、响应相关联的构件和环境。构件部分包括突发事件作用对象（承灾体、人口、重要设施、财产）、响应处置部门（组织）；环境包括地理特征、人口分布、基础设施等。描述辖区关键要素是指确定可能的受害对象、受害范围和应急响应的资源以及突发事件对辖区或单位造成的影响。

2）识别一系列可能发生突发事件的风险源

调查辖区或单位内已经出现或可能出现的突发事件的种类，形成一份风险清单。风险清单所涉及的对象包括所有突发事件（自然灾害、事故灾难、公共卫生事件、社会安全事件）。

3）确定风险源引发突发事件的频率及其造成的破坏

对每一种具体突发事件风险进行全方位描述，包括突发事件发生的周期模式、频率/历史、地理范围、严重性/强度/级别、时间框架、发展速度、可预警性、可管理性等等。突出最有可能和最有破坏性的风险源。

4）确定面对突发事件风险时辖区或单位的脆弱性

通过脆弱性分析，可以掌握辖区内面对某种特定危险威胁的各种财产和人群，为设定应急响应时保护对象的优先权提供依据。脆弱性分析的对象一般是社区或地区集聚的人口、建筑、基础设施和重要设施，诸如城市、医院、学校、铁路线、通信中枢、电力设施、自来水供应系统、重要危险源等。

3. 组织指挥体系及职责

专项应急指挥机构根据处置的突发事件性质和类型设置，例如：安全生产应急指挥部、环境污染事故应急指挥部、火灾事故应急指挥部、恐怖袭击事件应急指挥部、公共卫生事件应急指挥部、抗震救灾应急指挥部、防汛抗旱应急指挥部等专项应急指挥机构。确定应急工作牵头部门以及参加部门和单位，具体负责指挥各类突发事件应急工作。

4. 预防、监测与预警

1）预防

《中华人民共和国突发事件应对法》第二十条规定，县级人民政府应当对本行政区域内容易引发自然灾害、事故灾难和公共卫生事件的危险源、危险区域进行调查、登记、风险评估，定期进行检查、监控，并责令有关单位采取安全防范措施；第二十一条规定，县级人民政府及其有关部门、乡级人民政府、街道办事处、居民委员会、村民委员会应及时调解处理可能引发社会安全事件的矛盾纠纷。国家综合性消防救援队伍是应急救援的综合性常备骨干力量，县级以上人民政府有关部门可根据实际需要设立专业应急救援队伍。按照“集中管理、统一调拨、平时服务、灾时应急、采储结合、节约高效”的原则，建立健全应急物资储备保障制度。国家建立健全能源应急保障体系，完善能源安全储备制度，提高能源安全保障能力，保障受突发事件影响地区的能源供应。国家建立健全应急通信、应急广播保障体系，加强应急通信系统、应急广播系统建设，确保突发事件应对管理工作的通信、广播安全畅通。县级以上人民政府应当加强急救医疗服务网络的建设，配备相应的医疗救治药物、设备和人员，提高医疗卫生机构应对各类突发事件的救治能力。

2）监测

《中华人民共和国突发事件应对法》第四十一条规定，国家建立健全突发事件监测制度，县级以上人民政府及其有关部门应当根据自然灾害、事故灾难和公共卫生事件的种类和特点，建立健全基础信息数据库，完善监测网络，划分监测区域，确定监测点，明确监测项目，提供必要的设备、设施，配备专职或者兼职人员，对可能发生的突发事件进行监测。

国务院建立全国统一的突发事件信息系统。地方政府应当建立或者确定本地区统一的突发事件信息系统，汇集、储存、分析、传输有关突发事件的信息。信息内容主要包括：①主要危险物品的种类、数量、特性及运输路线，重大危险源的数量及分布，潜在的重大安全事故隐患、自然灾害类型及影响区域；②可能造成社会公众健康严重损害的重大传染病疫情、群体性不明原因疾病发生的类型、影响区域及后果；③城市建成区分布、地形地貌、交通和建（构）筑物、基础设施等城市建设档案情况，重要保护目标及其分布，风向、风速、气温、雨量等历年和实时的气象信息资料，人口数量、结构及其分布；④应急力量的组成及其应急能力、分布，应急设施、物资的种类、数量、特性和分布，上级救援机构或相邻地区可用的应急资源；⑤可能影响应急救援的不利因素。

县级以上人民政府及其有关部门、专业机构应当通过多种途径收集突发事件信息。县级人民政府应当在居民委员会、村民委员会和有关单位建立专职或者兼职信息报告员制度。

县级以上地方人民政府及其有关部门获取突发事件相关信息后，应当及时汇总分析突发事件隐患和预警信息，必要时组织相关部门、专业技术人员、专家学者进行会商，对发生突发事件的可能性及其可能造成的影响进行评估；认为可能发生重大或者特别重大突发事件的，应当立即向上级人民政府报告，并向上级人民政府有关部门、当地驻军和可能受到危害的毗邻或者相关地区的人民政府通报，及时采取预防措施。

3）预警

国家建立健全突发事件预警制度。将可以预警的自然灾害、事故灾难和公共卫生事件的预警级别，按照突发事件发生的紧急程度、发展态势和可能造成的危害程度分为一级、二级、三级和四级，分别用红色、橙色、黄色和蓝色标示，一级为最高级别。突发事件预警公告可以通过广播、电视、报刊、通信网络、警报器等媒体发布。发布的预警公告内容应包括突发事件名称、预警级别、预警区域或场所、预警期起止时间、影响估计及应对措施、发布机关等。

发布警报，宣布进入预警期后，县级以上地方人民政府应当根据即将发生的突发事件的特点和可能造成的危害，采取相应的措施。

发布突发事件警报的人民政府应当根据事态的发展，按照有关规定适时调整预警级别并重新发布。有事实证明不可能发生突发事件或者危险已经解除的，发布警报的人民政府应当立即宣布解除警报，终止预警期，并解除已经采取的有关措施①。

5. *应急响应*

国家建立健全突发事件应急响应制度。突发事件的应急响应级别，按照突发事件的性质、特点、危害程度和影响范围等因素分为一级、二级、三级和四级，一级为最高级别。

突发事件发生后，履行统一领导职责或者组织处置突发事件的人民政府应当针对其性质、特点、危害程度和影响范围等，立即组织有关部门，调动应急救援队伍和社会力量，依照有关法律、法规、规章的规定采取应急处置措施；必要时，可以设立现场指挥部，负责现场应急处置与救援，统一指挥进入突发事件现场的单位和个人。

履行统一领导职责或者组织处置突发事件的人民政府，应当建立协调机制，提供需求信息，引导志愿服务组织和志愿者及时有序参与应急救援与处置工作。

突发事件发生后，履行统一领导职责的人民政府应当立即按照应急预案启动应急响应，根据突发事件的发生情况采取相应的措施。

突发事件发生地的居民委员会、村民委员会和其他组织应当按照当地人民政府的决定、命令，进行宣传动员，组织群众开展自救和互救，协助维护社会秩序。

突发事件应急处置工作结束，或相关威胁和危害得到控制、消除后，履行统一领导职责的政府或其应急指挥机构宣布响应终止，或逐步停止有关应急处置措施，应急队伍和工作人员有序撤离。同时，采取或继续实施必要措施，防止发生自然灾害、事故灾难、公共卫生事件的次生、衍生事件或重新引发社会安全事件。现场指挥机构停止运行后，通知相关方面解除应急措施，进入过渡时期，逐步恢复生产生活秩序。

6. *信息发布*

突发事件的信息发布应当及时、准确、客观、全面。突发事件发生后，事发地政府及其应急指挥机构要及时通过主流媒体向社会发布突发事件的初步核实情况、政府应对措施

---

① 《中华人民共和国突发事件应对法》第四十七条。

和公众防范措施等权威信息，并根据事件处置进展动态发布信息。

7. 后期处置

后期处置内容主要包括善后处置、恢复重建、调查评估。政府要积极稳妥、深入细致地做好善后处置工作。

1）善后处置

事发地政府要根据本地遭受损失情况，制定救助、补偿、抚慰、抚恤、安置等善后工作方案，对突发事件中的伤亡人员、应急处置工作人员，以及紧急调集、征用有关单位及个人的物资，按照规定给予抚恤、补助或补偿，并提供心理咨询及司法援助，妥善解决因应对突发事件引发的矛盾和纠纷。有关部门要做好疫病防治和环境污染消除工作。事发地保险监管机构要组织、督促有关保险机构及时开展查勘和理赔工作。

2）恢复重建

按照国家统筹指导、各级广泛参与的灾后恢复重建机制，强化各级政府重建主体责任，引导开展自力更生、生产自救活动。

（1）恢复重建工作由事发地政府负责。突发事件应急处置工作结束后，事发地政府要立即组织制定恢复重建计划，并向上一级政府报告。受突发事件影响地区的政府要及时组织有关部门恢复社会秩序，尽快修复被损坏的交通、水利、通信、供水、排水、供电、供气、供热等公共设施。

（2）上级政府要根据实际情况对需要支持的下级政府提供资金、物资支持和技术指导，组织其他地区提供资金、物资和人力支援。根据突发事件影响地区遭受损失情况，制定扶持该地区经济社会和有关行业发展的优惠政策。

3）调查评估

履行统一领导职责的政府要及时查明突发事件的发生经过和原因，评估突发事件造成的损失，将调查与评估情况向上一级政府报告；组织参与处置的部门（单位）对应急处置工作进行复盘分析，总结经验教训，制定改进措施。特别重大突发事件的调查评估按照国家有关规定执行。重大突发事件由省有关部门进行调查评估，并向省政府报告。法律、法规对事故调查等另有规定的，从其规定。

8. 应急保障

1）应急队伍保障

（1）国家综合性消防救援队伍是应急处置的主力军和国家队。各级政府要加强国家综合性消防救援队伍建设和管理，提供必要支持保障。

（2）专业应急队伍是应急处置的骨干力量。县级以上网信、军民融合、工业和信息化、公安、自然资源、生态环境、交通运输、水利、住建、农业农村、文化和旅游、卫生健康、能源、林业、气象、宣传等部门，根据职能分工和实际需要，在应急部门的统筹指导下，建设和管理本行业、本领域的专业应急救援队伍。

（3）解放军和武警部队是应急处置的突击力量。解放军和武警部队按照有关规定参加应急处置工作，建立健全军地协调联动机制，实现应急管理信息系统互联互通；按照遂行应急任务能力要求，配备必要的装备，加强针对性训练和演练。

（4）基层应急队伍是先期处置的重要力量。乡镇政府（街道办事处）及村（居）民委员会要结合当地实际，单独建立或与有关单位、社会组织共同建立基层应急队伍。

（5）社会应急队伍是应急处置的辅助力量。各地、各有关部门要制定相关政策措施，充分发挥红十字会和共青团作用，鼓励企事业单位、社会组织及公民等有序参与应急处置工作。

2）资金保障

（1）县级以上政府要将突发事件防范和应对工作所需经费纳入同级财政预算，保障各级应急指挥机构运转日常经费。应对突发事件所需财政负担的经费，按照财权事权和支出责任划分，分级负担。

（2）鼓励公民、法人或其他组织按照有关规定，为突发事件应对提供物资、装备、资金、技术支持和捐赠。

（3）建立健全灾害风险保险体系，鼓励单位和公民参加保险。县级以上政府及有关部门和单位要为专业应急救援人员购买人身意外伤害保险。

（4）各级财政和审计部门要对突发事件财政应急保障资金的使用及效果进行监督和评估。

3）物资装备保障

应急部门会同发展改革、财政、粮食和储备等部门，制定应急物资储备和应急救援装备规划并组织实施，建立健全重要物资应急监测网络、预警体系和应急物资生产、储备、调拨及紧急配送体系，实现共建共享。有关部门按照职能建立本系统现场救援和工程抢险装备数据库，掌握物资、装备的类型、数量、性能、存放位置等，并加强对物资、装备的维护保养。各级政府根据有关法律、法规和应急预案规定，做好应急物资、装备储备工作，加强疏散避难场所建设，或与有关企业签订协议，保障应急物资、装备的生产、供给。

4）医疗卫生保障

卫生健康部门加强公共卫生体系建设，完善公共卫生事件监测与信息报送网络，加强医疗卫生救援队伍建设管理。研究制定应对不同类别突发事件的应急准备措施，做好医疗设施装备、药品储备工作，有机整合应急卫生资源。根据区域特点和辐射半径，合理布设和建立急救站（中心），确保有效开展现场救治、防疫防病工作。

5）交通运输保障

公安、交通运输、铁路、民航等部门负责交通运输保障。完善应急运输协调机制，科学配置、使用各级应急运输力量，形成顺畅、有序、联动、高效的应急运输保障体系，确保应急物资和人员能够及时、安全送达。公安、交通运输、铁路、民航等部门根据需要和可能，组织开辟便捷应急通道，优先运送应急救援人员、物资和装备。交通运输工程设施受损时，有关部门或当地政府要迅速组织力量进行抢修。

6）人员防护保障

有关部门要为涉险人员和应急救援人员提供符合要求的安全防护装备，采取必要的防护措施，严格按照程序开展应急处置工作，确保人员安全。

7）治安保卫保障

公安部门负责突发事件现场的治安维护，制定不同类别、级别突发事件应急状态下维护治安、交通秩序的行动方案，加强对重点地区、场所、人群、物资设备的安全防护，依法严厉打击违法犯罪活动。必要时，依法采取有效管制措施，控制事态，维护社会秩序。事发地相关单位和个人必须积极主动配合做好治安维护工作。

8）应急通信保障

通信管理、广电等部门和单位负责建立健全应急通信、应急广播电视保障工作体系，加强公用通信网、卫星通信网络的应急能力建设，提升面向公众的突发事件应急信息传播能力。建立有线和无线相结合、基础电信网络和机动通信系统相配套的应急通信系统。突发事件发生后，通信管理部门要协调各基础电信运营企业、铁塔公司做好现场应急通信保障工作。

9）基础信息保障

气象部门负责加强灾害性天气监测、预报和预警，及时提供气象分析资料，为应急处置提供气象信息服务。

水利部门要及时开展江河、湖泊、水库水情的监测、预报和预警，为应急处置提供水文资料和信息服务。

自然资源部门要及时开展地质灾害的监测、预报和预警，为应急处置工作提供突发事件事发地遥感监测、无人机航摄等技术支持，为应急处置工作提供地图、影像等地理信息服务。

10）基本生活保障

供水、供电、供气、生态环境等单位要制定应急预案，对废水、废气、固体废弃物等有害物质进行监测和处理，确保应急状态下城市生命线和重要用户以及事发地的基本用水、用电、用气安全。

应急、卫生健康等部门要会同事发地政府做好受灾群众的基本生活保障工作，确保灾区群众有饭吃、有干净水喝、有衣穿、有住处、有病能得到及时医治。

11）科技支撑保障

各级政府及有关部门要加强应急管理领域的科技创新，积极开展预防、监测、预警、应急处置等方向的科学技术研究以及应急装备的研发。鼓励和支持有条件的单位建设科技创新平台。强化科技成果转化，推广应用先进适用技术，不断增强应急工作的科技保障能力。

各级应急及有关部门要充分利用现有政府系统办公业务资源和专业系统资源，按照国家相应标准，建立健全应急指挥平台体系，完善突发事件预警信息发布系统，实现应急决策指挥互联互通、信息共享。

12）区域协作保障

各级政府及有关部门和单位要加强与毗邻地区的应急交流合作，不断完善应急联动机制，加强训练基地共享与应急演练联动，为应对区域性突发事件提供合作平台。

9. 培训与演练

各级政府和有关部门应将预案教育纳入国民教育体系和干部培训计划，强化公民的危机意识，增强自救、互救能力，提高公众应对突发事件能力。将突发事件安全教育纳入大、中、小学校学生素质教育体系，提高青少年学生应对突发事件的意识和能力。各级政府应根据各灾种实际特点，建立各灾种科普教育基地；广播、电视、报刊等新闻媒体要在社会范围内广泛宣传各类突发事件带来的危机和妥善处置、应对突发事件的重要性，以及发生突发事件时紧急避险的有关常识。

应急预案编制单位应当建立应急演练制度，定期或不定期开展应急演练，检验预案、锻炼队伍。

2.1.2 政府专项应急预案

政府专项应急预案是政府为应对某一类型或某几种类型突发事件，或者针对重要目标物保护、重大活动保障、应急资源保障等重要专项工作而预先制定的涉及多个部门职责的工作方案。其内容是在总体应急预案的框架内，实施对某类突发事件的应对程序、方法和资源配置。专项应急预案是总体应急预案的组成部分，但与总体应急预案不同，专项应急预案具有较强的操作性。

1. 总则

1）编制目的

为了更好地控制和处置区域内出现的某一类型或某几种类型突发事件，使得突发事件对人民群众生命及财产安全造成的损失降至最低。

2）编制依据

依据有关法律法规、规章和文件。

3）适用范围

适用于本级政府所辖区域的某一类型或某几种类型突发事件的应急处置与救援。

4）工作原则

综合应急预案中规定的应急工作原则在专项应急预案中同样适用，但专项应急预案的应急处置原则更具体。应急处置基本原则和要求一般包括：坚持先救人后抢救财产的原则；坚持以抢救人员生命为前提，及时、快速开展各项救护工作，最大限度减少人员伤亡和财产损失；坚持查明情况，妥善处置，确保稳定，维护秩序，及时抢救。

2. 组织指挥体系及职责

为了与综合应急预案组织机构衔接，通常设立突发事件专项应急指挥部，确定应急工作牵头部门以及参加单位（部门），具体负责指挥该类突发事件的应急工作。专项应急指挥部由地方政府主管领导或分管领导任总指挥，政府办公室分管副主任、牵头部门主要负责人任副总指挥，各有关部门为成员单位。各专项应急指挥部办公室分别设在相应牵头部门或单位。

专项应急指挥部：整个系统的中心，负责协调各个应急机构、部门的运作，统筹安排整个应急行动，保证行动快速、有序地进行，避免因行动紊乱而造成不必要的损失。

现场指挥机构：负责突发事件现场应急的指挥工作，进行应急任务分配和人员调度，有效利用各种应急资源，保证在最短时间内完成对突发事件现场的应急行动。

支持保障机构：应急的后方力量，提供应急物资资源和人员支持、技术支持和医疗支持，全方位保证应急行动顺利完成。

信息发布机构：负责与新闻媒体对接，处理一切与媒体报道、采访、新闻发布会等相关事务，以保证突发事件报道的可信性和真实性。

技术顾问机构：负责系统所需一切技术保障，提供各种信息服务，在计算机和网络技术的支持下，实现信息利用的快捷性和资源共享，为应急工作提供技术信息服务。

3. 监测、预防与预警

专项应急预案中的监测、预防、预警相关内容应当参照综合应急预案。

4. 应急响应

突发事件发生后相关部门应根据事故性质、危害程度、影响范围等情况，按照专项应急预案启动应急响应，对突发事件进行控制，防止突发事件扩大。

突发事件专项应急预案对应急处置的程序和措施作出明确规定。应急处置的程序应包括突发事件信息的报告、应急响应的启动，以及现场的紧急处置等过程。应急处置的措施应包括事故的控制、人员的撤离、伤员的救治、事故现场的管制等。

1）紧急处置

突发事件发生后，属地政府和事发单位应当积极采取自救措施。现场应急救援指挥部成立之前，先期到达的应急救援队伍必须迅速、有效地实施先期处置，属地政府负责协调，全力控制灾害、事故发展态势，防止灾害、事故扩大。

2）指挥与协调

相关专项应急指挥部应按照专项应急预案，迅速下达应急处置命令，组织、协调、指挥各有关部门、单位、专业应急救援队伍及现场指挥部，及时有效地进行应急处置与救援。按规定要求迅速成立现场应急救援指挥部，负责指挥与协调应急救援工作。政府有关部门及其专业应急救援指挥机构按照专项应急预案规定的程序，组织相关应急救援力量，实施应急救援。根据突发事件应急处置的需要，现场指挥部有权紧急调集人员、物资、交通工具和相关的设施、设备。必要时，可以依照有关法律法规的规定向社会征用物资、交通工具和相关的设施、设备。现场应急救援指挥部有权组织调动本行政区域内社会力量参与应急救援工作。若超出事发地政府处置能力时，可向上级政府申请本行政区域外的社会力量支援。

3）人员的紧急疏散、撤离

现场指挥部负责群众的安全防护工作。主要工作内容包括：确定保护灾区周边群众安全需要采取的防护措施；确定紧急状态下群众疏散和转移的范围、路线、程序以及安置方式；指定有关部门负责实施疏散、转移；启用应急避难场所，提供必要的生活用品；实施医疗救治，开展疾病预防和控制工作。

4）受伤人员的救护

抢救受伤人员是应急救援工作中的首要任务。要及时、有序、有效实施现场急救与安全转送伤员，降低伤亡率。在医疗救护队到达前，主要依靠自救、互救。突发事件发生地卫生管理部门负责组织开展紧急医疗卫生救助和现场处置工作。根据伤亡严重情况，可请求上一级政府卫生主管部门及时组织专业救治队伍进行支援。

5）现场监控

现场指挥部组织技术力量和救援队伍加强对突发事件现场的监控，及时采取紧急处置措施，果断控制或切断灾害链，防止次生、衍生和耦合灾害、事故发生。对于易扩散的现场，要用黄色标志隔离，禁止通行。突发事件发生地公安部门应迅速组织警力进行现场警戒和治安管理，维持现场秩序，限制人员进出。

6）工程抢险

根据突发事件应急处置的需要，现场指挥部组织工程抢险队伍，负责被灾害、事故毁损的铁路、公路、桥梁、电力等工程的抢修。

7）现场检测与评估

根据需要，现场指挥部成立现场检测、鉴定与评估小组，综合分析和评价检测数据，查找突发事件原因，评估事件发展趋势，预测后果，为制订现场抢救方案和事件调查提供参考。检测与评估报告要及时报告现场应急指挥部。

8）应急人员的安全防护

处置突发事件时，应对事发地现场的安全情况进行科学评估，保障现场应急救援人员的人身安全。现场应急救援人员应根据需要携带相应的专业防护装备，采取安全防护措施，现场指挥部根据需要具体协调、调集相应的安全防护装备。

5. 恢复与重建

专项应急预案中的恢复与重建可参照综合应急预案，应包括善后处置、恢复重建和调查评估等内容。

6. 应急保障

总体应急预案中规定的各类应急保障在专项应急预案中同样适用，主要包括应急队伍保障、资金保障、物资装备保障、医疗卫生保障、交通运输保障、人员防护保障、治安保卫保障、应急通信保障、基础信息保障、基本生活保障、科技支撑保障、区域协作保障等。

7. 培训、宣传与演练

专项应急预案编制单位可以通过编发培训材料、举办培训班、开展工作研讨等方式，对与专项应急预案实施密切相关的管理人员、专业救援人员等组织培训。各级人民政府及其有关部门可以将专项应急预案培训作为有关业务培训的重要内容，纳入领导干部、公务员、应急管理干部等日常培训内容。

对需要公众广泛参与的非涉密的专项应急预案，编制单位可以充分利用互联网、广播、电视、报刊等多种媒体进行宣传，制作通俗易懂、好记管用的宣传普及材料，向公众免费发放。

专项应急预案编制单位建立应急预案演练制度，通过采取形式多样的方式方法，对专项应急预案所涉及的单位、人员、装备、设施等组织演练。通过演练发现问题、解决问题，进一步修改完善专项应急预案。专项应急预案每 3 年至少进行一次演练。

2.1.3 政府部门应急预案

部门应急预案是政府有关部门根据总体应急预案、专项应急预案和部门职责，为应对本部门（行业、领域）突发事件，或者针对重要目标物保护、重大活动保障、应急资源保障等涉及部门工作而预先制定的工作方案。部门应急预案是政府应急预案体系的重要组成部分，是针对某一类突发事件根据部门职责制定的具体应对工作方案，且内容与总体应急预案和有关专项应急预案衔接。

1. 适用范围

部门应急预案适用于政府有关部门组织协调处置与本部门直接相关的突发事件。

2. 组织指挥体系及职责

负责处置突发事件的有关部门应成立本部门应急指挥机构，并明确部门应急指挥机构的组成及职责。根据现场实际情况，应急指挥机构可设立抢险救援、后勤保障等小组，负责开展具体的应急处置与救援工作。

3. 监测、预防与预警

政府部门可以根据自然灾害、事故灾难和公共卫生事件的种类和特点，建立健全基础信息数据库，完善监测网络，明确监测项目，对可能发生的突发事件进行监测。

有关部门接到突发事件相关征兆信息后，要及时组织进行分析评估，研判突发事件发生的可能性、强度和影响范围以及可能发生的次生、衍生突发事件类别，确定预警级别。相关部门按照国家突发事件预警信息发布的有关规定，立即发布预警信息，及时向上一级部门报告，必要时可越级上报。根据事态发展，适时调整预警级别并重新发布、报告和通报突发事件预警信息。

预警信息发布后，部门应急指挥机构要根据预警级别、实际情况和部门职责，组织开展多种预警措施。

4. 应急响应

政府部门根据综合或者专项应急预案启动的应急响应等级，组织开展本部门职责范围内的应急处置工作。根据现场抢救工作需要，协调调动有关应急救援队伍、装备和物资，为突发事件救援提供支持；组织有关专家指导现场抢救，协助制定突发事件救援和防止事件引发次生灾害的方案；针对突发事件引发或可能引发的次生灾害，适时通知有关方面按照相关应急预案启动应急响应。

突发事件应急处置完成后，经过核查：现场得以控制，环境符合有关标准，导致次生、衍生灾害及事故隐患消除后，经部门应急指挥机构确认和批准，现场应急处置工作结束，应急救援队伍撤离现场。

5. 后期处置

应急响应结束后，本部门应认真分析灾害、事故原因，深刻吸取教训，制定灾害、事故防范措施。收集、整理应急救援工作记录、方案、文件等资料，组织专家对应急救援过程和应急救援保障等工作进行总结和评估，提出改进意见和建议，并将总结评估报告报有关部门。

6. 应急保障

部门应急预案中规定的各类应急保障可以参照综合应急预案和相关专项应急预案，包括应急队伍保障、资金保障、物资装备保障、人员防护保障、应急通信保障、基础信息保障、基本生活保障等。

7. 培训、宣传与演练

培训、宣传与演练部分参照总体应急预案和相关专项应急预案。政府部门建立应急预案演练制度，通过采取形式多样的方式方法，对部门应急预案所涉及的人员、装备、设施等组织演练。通过演练发现问题、解决问题，进一步修改完善部门应急预案。政府部门应急预案每3年至少进行一次演练。

2.2 生产经营单位应急预案体系

生产经营单位生产安全事故应急预案是生产经营单位根据有关法律、法规和相关标准，结合本单位组织管理体系、生产规模和可能发生的事故特点制定的，是本单位应急救援的详细行动计划和技术方案。生产经营单位生产安全事故应急预案确立了生产经营单位是其内部发生事故的责任主体，事故发生时，生产经营单位应立即按照预案开展应急处置与救援。《生产安全事故应急预案管理办法》规定，生产经营单位应急预案分为综合应急预案、专项应急预案和现场处置方案。

生产经营单位编制生产安全事故应急预案前，应组织开展生产安全事故风险评估，撰写评估报告，内容应包括：①辨识生产经营单位存在的危险有害因素，确定可能发生的生产安全事故类别；②分析各种事故类别发生的可能性、危害后果和影响范围；③评估确定相应事故类别的风险等级。此外，生产经营单位还应全面调查和客观分析本单位以及周边单位和政府部门可请求援助的应急资源状况，撰写应急资源调查报告，内容应包括：①本单位可调用的应急队伍、装备、物资、场所；②针对生产过程及存在的风险可采取的监测、监控、报警手段；③上级单位、当地政府及周边企业可提供的应急资源；④可协调使用的医疗、消防、专业抢险救援机构及其他社会化应急救援力量①。

2.2.1 生产经营单位综合应急预案

生产经营单位综合应急预案是指生产经营单位为应对各种生产安全事故而制定的综合性工作方案，是本单位应对生产安全事故的总体工作程序、措施和应急预案体系的总纲。综合应急预案主要规定了应急组织机构及其职责、应急预案体系、事故风险描述、预警及信息报告、应急响应、保障措施、应急预案管理等内容。

1. 总则

1）适用范围

适用于生产经营单位所辖范围内发生或可能发生的各类生产安全事故的应对工作。

2）响应分级

针对事故的危害程度、影响范围和生产经营单位控制事态的能力，对事故应急响应进行分级，明确分级响应的基本原则。

2. 应急组织机构及职责

应急组织机构及职责应明确生产经营单位的应急组织形式及构成单位（部门）的应急职责。生产经营单位应急组织机构由应急指挥部、现场指挥部和专家组三部分组成。应急指挥部是生产经营单位成立的应对生产安全事故的指挥协调机构，现场指挥部是应急指

---

① 《生产经营单位生产安全事故应急预案编制导则》(GB/T 29639—2020）“4.4 风险评估”“4.5 应急资源调查”。

挥部视情设立的应对生产安全事故的现场应急指挥机构，专家组是为应急指挥部及现场指挥部提供技术支持的组织。

应急指挥部一般由总指挥、副总指挥、指挥部成员等组成，总指挥由生产经营单位主要负责人担任，副总指挥由生产经营单位的分管副职担任，指挥部成员由与安全生产和应急管理工作相关的（单位）部门负责人担任。应急指挥部主要负责：①应急指挥；②协调资源；③建立相互一致的事故处置目标及批准应急策略；④将事故处置目标落实到响应部门或机构；⑤审查批准事故行动计划；⑥确保救援人员和公众的健康与安全。现场指挥部指挥长由相关副职担任，主要负责事故现场应急处置与救援的调度指挥工作。

应急组织机构根据事故类型和应急工作需要，可设置相应的应急处置工作小组，并明确各小组具体构成、职责分工。通常情况下，设置的应急处置工作小组有综合协调组、抢险救援组、医疗救护组、信息舆情组、治安保卫组、后勤保障组等。主要职责包括：①接警与通知；②处置与救援；③医疗救护；④人员疏散；⑤收集、评价及发布事故相关信息；⑥供应应急设备、物资；⑦警戒与治安；⑧交通运输保障；⑨疏散人员的安置；⑩提供应急需要的经费；⑪善后处置。

3. 应急响应

1）信息报告

（1）信息接报。明确应急值守电话、事故信息接收及内部通报的程序、方式和责任人，向上级主管部门、上级单位报告事故信息的流程、内容、时限和责任人，以及向本单位以外的有关部门和单位通报事故信息的方法、程序和责任人。

（2）信息处置与研判。明确响应启动的程序和方式。根据事故性质、严重程度、影响范围和可控性，结合响应分级明确的条件，可由应急领导小组作出响应启动的决策并宣布，或者依据事故信息是否达到响应启动的条件自动启动。若未达到响应启动条件，应急领导小组可作出预警启动的决策，做好响应准备，实时跟踪事态发展。响应启动后，注意跟踪事态发展，科学分析处置需求，及时调整响应级别，避免响应不足或过度响应。

2）预警

（1）预警启动。明确预警信息发布渠道、方式和内容。预警信息发布渠道和方式包括广播、微博、微信、手机短信平台等。预警内容包括：可能发生的突发事件的类别、预警级别、起始时间、可能影响范围、警示事项、应采取的措施和发布机关等。

（2）响应准备。明确预警启动后应开展的响应准备工作，包括队伍、物资、装备、后勤及通信。具体工作主要包括：①通知相关部门采取相应的预警措施；②命令各应急处置工作组做好资源调配等准备工作；③出现直接危及人身安全的紧急情况时，要求立即停止作业，撤离现场。

（3）预警解除。明确预警解除的基本条件、要求及责任人。应急指挥部应根据事态发展，按照有关规定适时调整预警级别并重新发布。当生产安全事故的相关危险因素和隐患得到有效控制或消除，经评估符合相应条件时，应及时解除预警。

3）响应启动

确定响应级别，明确响应启动后的程序性工作，包括应急会议召开、信息上报、资源协调、信息公开等。

(1) 应急会议召开。应急指挥部接到事故报告后，立即召集指挥部成员、专家会商研判，根据事故信息快速作出判断，确定应急响应级别，启动应急响应。

(2) 信息上报。信息上报的内容包括：①生产经营单位的名称、地址、性质、产能等基本情况；②事故发生的时间、地点以及事故现场情况；③事故的简要经过（包括应急救援情况）；④事故已经造成或者可能造成的伤亡人数（包括下落不明、涉险的人数）和初步估计的直接经济损失；⑤已经采取的措施；⑥其他应当报告的情况。

(3) 资源协调。应急指挥部指挥协调应急队伍、调动应急装备和物资，以最快的速度到达现场，开展应急处置与救援工作。

(4) 信息公开。在应急指挥部的领导下，按照相关要求，对外发布事故有关信息。信息公开相关要求包括：①指定专人及时收集和整理与事故相关的真实信息；②信息发布前，将需要发布的信息内容和时间报请上级单位和政府有关部门审定和批准，事故信息未得到批准，任何人不准擅自发布。

4）应急处置

应急处置部分应明确事故现场的警戒疏散、人员搜救、医疗救治、现场监测、技术支持、工程抢险及环境保护方面的应急处置措施，并明确人员防护要求。

(1) 警戒疏散。事故发生后，应急指挥部应组织事故现场周围人员进行紧急疏散或转移。周边有村庄的，应当请求地方政府组织周边群众紧急疏散或转移。应急指挥部应建立出入事故现场管制机制，指定专人负责，严格控制进入事故现场人员的数量。当受伤、受困人员一时无法撤离事故现场时，要根据现场具体情况和应急常识，采取应急避险措施，等待救援。

(2) 人员搜救。事故发生后，应急指挥部应积极组织营救受伤、受困人员。救援队伍在开展救援工作前，要了解有关危险因素，明确防范措施，制定行动计划及安全措施，在确保安全的前提下，积极搜救遇险遇难人员，迅速找到并控制事故灾难的危险源、消除隐患，标明或划定危险区域，防止事故扩大；搜救到遇险遇难人员时，救援人员应根据事故现场情况，积极进行抢救，并在现场做好标记和相关记录。遇到突发情况危及救援人员生命安全时，救援队伍现场指挥员有权作出处置决定，迅速带领救援人员撤出危险区域，并及时向现场指挥部报告。

(3) 医疗救治。现场指挥部根据人员受伤情况立即通知本单位医疗机构，由医疗机构派出医护人员赶赴现场进行抢救，必要时请求政府医疗机构加强对医疗救护的指导和救治。

(4) 现场监测。开展应急处置与救援工作时要加强事故现场的环境监测，保证救援人员的安全，重点监测事故现场危险源，防止出现次生、衍生事故。

(5) 技术支持。研究分析事故信息、事故情况的演变以及救援技术措施，根据事故现场情况，制定救援方案及安全措施，对救援过程中遇到的技术难题及时提供技术支持。

(6) 工程抢险。根据事故类型和工程险情，按照现场处置方案，制定抢险和处置措施并组织实施。

(7) 环境保护。事故可能对环境造成危害时，应迅速采取隔离、封闭、消毒、监测等措施，防止对环境的进一步污染，及时将现场恢复到相对稳定的状态。

5）应急支援

应急支援部分明确了当事态无法控制时，向外部（救援）力量请求支援的程序及要求、联动程序及要求，以及外部（救援）力量达到后的指挥关系。

6）响应终止

明确响应终止的基本条件、要求和责任人。事态得到控制后，经应急指挥部批准宣布终止响应。

4. 后期处置

应急响应终止后，需要进行后期处置，以使紧急情况恢复到正常状态。通常情况下，后期处置主要包括：污染物处理、生产秩序恢复、人员安置。

1）污染物处理

应急救援中使用的水、砂等灭火剂以及泄漏出的化学物质或建筑物坍塌等会对环境造成污染，应对这些污染物进行处理。

2）生产秩序恢复

事故发生后，生产经营单位应立即组织维修人员对受事故影响的设备、设施进行修理或更换，以恢复正常的生产秩序。在进行设备处理前，要确保事故调查组已完成对设备的查验以及记录存档。

3）人员安置

制定相关方案，妥善做好遇难、受伤人员亲属的接待、安抚和赔偿工作。

5. 应急保障

应急保障结合实际的应急工作需求，主要包括通信与信息保障、应急队伍保障、应急物资装备保障和其他保障（经费保障、交通运输保障、治安保障、医疗保障、后勤保障及技术保障）。

1）通信与信息保障

通信是应急指挥、协调和与外界联系的重要保障，做好通信保障应明确：①建立应急指挥部、各应急职能机构之间的通信方法，说明主要使用的通信系统、通信联络电话等，确保应急组织之间的通信畅通；②明确定期维护通信设备的人员，以确保应急时所使用的通信设备完好；③明确必要时启动备用通信系统。如正常通信系统出现故障，必须启动备用系统，应明确备用系统的位置和启动方式。

2）应急队伍保障

明确能够实施应急救援的应急队伍的组成、数量以及接受应急救援的培训情况，包括：①专职抢险救援队伍，如企业内部专职消防队等；②义务抢险救援队伍，如企业内部兼职消防人员以及各生产线的员工等；③技术专家，企业内部对危险化学品特性、火灾、建筑结构等熟悉的人员等其他人员，可以充当技术专家。

3）应急物资装备保障

应急物资装备是应急救援工作的重要保障，应根据潜在事故的性质和后果分析，合理组建专业救援力量，配备应急救援所需的设备、器材，定期检查维护和补充，以免由于资源缺乏延误应急救援行动。在应急预案中应明确应急物资装备的类型、数量、存放位置、管理责任人及其联系方式等。现场必须配置的应急设备通常包括：①灭火设备，如便携式灭火器、自动喷淋、消防栓、消防车等；②危险物质泄漏控制设备，如泄漏控制工具、探测设备、封堵设备、解除封堵设备等；③个人防护设备，如防护服、手套、靴子、呼吸保护装置等；④通信联络设备，如对讲机、电话、传真机、电报等；⑤医疗支持设备，如救护车、担架、夹板、氧气、急救箱等；⑥相关资料，如计算机及有关数据库和软件包、参考书、行动计划、材料清单、事故分析和报告及检查表、地图、图纸等；⑦重型设备，如翻卸车、推土机、起重机、叉车、破拆设备等。

4）其他保障

（1）经费保障。企业应设立专项应急经费，以保证紧急情况所需。在预案中应明确专项经费的数目、使用范围和相应的监督管理措施。重大事故发生后，需要使用经费的情况有：协调外部应急救援队伍救援费用；专业机构的服务费用，如监测机构等；受伤人员救治费用；救援物资补充费用；疏散人员的安置费用；其他费用。

（2）交通运输保障。良好的交通工具是实施快速救援的可靠保证，在应急救援过程中，可能需要转运救援物资、运送人员、转移重要设备设施等，企业应对这些车辆及时维修维护，使其处于完好状态。

（3）治安保障。在事故现场周围建立警戒区域，实施交通管制，防止与救援无关人员进入事故现场，保障救援队伍物资运输和人群疏散等的交通畅通，避免发生不必要的伤亡。

（4）医疗保障。明确急救医院、救护车和急救人员联系方式，明确抢救药品、医疗器械、消毒和解毒药品等的企业内、外来源和供给。建立与上级或当地医疗机构的联系与协调，包括危险化学品应急抢救中心、毒物控制中心等。针对企业主要的危险，为急救人员和医疗人员提供培训的安排和要求，保证其掌握正确的消毒和治疗方法，保障现场急救和医疗救护人员个人的安全。

（5）后勤保障。后勤保障包括救援人员和疏散人员食宿，以及用水、用电的供应等。

（6）技术保障。事故发生后，有关应急专家和技术人员要相互配合，协助现场指挥人员分析评估事故灾难情况、制定救援与处置方案和恢复生产秩序方案。

2.2.2 生产经营单位专项应急预案

专项应急预案是生产经营单位为应对某一种或者多种类型生产安全事故，或者针对重要生产设施、重大危险源、重大活动防止生产安全事故而制定的专项工作方案。如果专项应急预案与综合应急预案中的应急组织机构、应急响应程序相近时，可不编写专项应急预案，相应的应急处置措施并入综合应急预案。专项应急预案应当规定应急指挥机构与职责、处置程序和措施等内容。

1. 适用范围

应当说明专项应急预案适用的范围，以及与综合应急预案的关系。

2. 应急组织机构及职责

应明确应急组织形式及构成单位（部门）的应急处置职责。根据事故类型，明确应急组织机构的组成及职责。应急组织机构可以设置相应的应急救援工作小组，并明确各小组的组成及职责。

3. 响应启动

根据事故的大小和发展态势，明确响应启动后的程序性工作，包括应急会议召开、信息上报、资源协调、信息公开、后勤及财力保障等工作。

企业各部门接到命令后，应立即开展响应行动，并确定派往现场的人员。例如，生产经营单位的安全环保部的响应行动主要包括以下三点：①跟踪并详细了解事故现场应急处置情况，及时向应急指挥部汇报、请示并落实指令；②派出人员协助组建现场指挥部，参与现场应急处置工作；③按照应急指挥部指令，向政府主管部门求援。生产经营单位的生产经营管理部门的响应行动主要包括以下三点：①跟踪并详细了解事故现场处置情况，及时向应急指挥部办公室汇报、请示并落实指令；②制定并落实生产经营计划调整方案；③派出人员协助组建现场指挥部，参与现场应急处置工作。

4. 处置措施

针对可能发生的事故风险、危害程度和影响范围，生产经营单位应明确应急处置指导原则，制定相应的应急处置措施。不同类别事故的应急处置指导原则和处置措施各异，应针对具体事故编制。下面以扑救油罐火灾和处置储罐泄漏事故为例进行说明。

1）应急处置指导原则（扑救油罐火灾）

（1）扑救油罐火灾时，从空间方面来考虑，应遵循如下原则：①先外围、后中间。当油罐火灾引燃周围的建筑物或其他物质时，应首先消灭油罐外围火灾，从外围向中间逐步推进，包围油罐，最后消灭油罐火灾。因为外围火灾消灭后，才能创造消灭油罐火灾的有利条件，同时减少外围火灾重新引燃油罐火灾的可能性，如果灭火力量比较雄厚，能够满足两方面灭火需要时，可以同时进行灭火。②先上风、后下风。当火场上有几个相邻的开口油池同时发生燃烧，或出现大面积地面油火时，灭火行动应从上风方向开始扑救，并逐渐向下风方向推进，最后将火扑灭。上风方向可以避开浓烟，视线清楚，火焰对人的烘烤也小些，有利于接近火源，提高灭火效率，缩短灭火时间，减少复燃的可能性。③先地面、后油罐。由于油罐爆炸、沸溢、喷溅或罐壁变形塌陷造成大面积流淌火时，只有先扑灭地面上的流淌火，才有条件接近着火油罐，另外地面火会对相邻储罐和建筑构成严重威胁，因此，应先扑灭地面火，再扑灭油罐火。

（2）从扑救油罐火灾的时间顺序来考虑，可采用先冷却、后灭火、边冷却、边灭火，光灭火、不冷却三种形式。①先冷却、后灭火。若油罐燃烧时间长、油品和罐壁温度比较高时，应按照先冷却、后灭火的原则灭火。先冷却的目的是防止油罐爆炸、沸溢或罐壁变形倒塌，同时油面温度超过 147 ℃，对泡沫的破坏性大，只有将油品表面温度降低到 98 ℃ 以下时，才能使泡沫（或干粉）达到良好的灭火效果。②边冷却、边灭火。若油罐发生火灾以后，时间不长，油品温度不高，应按照边冷却、边灭火的原则进行灭火。因为油品温度不高，可以施放泡沫进行灭火，同时为了提高泡沫灭火效果，应对罐壁进行适当冷却，且油罐火扑灭以后还必须适当延长冷却时间，以防止出现复燃。③只灭火、不冷却。小型油罐、油池或油罐局部发生火灾，且燃烧时间不长，油品温度不高时，通过施放泡沫、水等灭火剂，既可把火灭掉，又不会出现复燃。

2）应急处置措施（处置储罐泄漏事故）

储罐泄漏事故处置措施：发生泄漏后，开启备用储罐，尽可能将发生泄漏的储罐内的物料向备用储罐转移，以降低液位和压力；划定防火、防爆警戒线；对泄漏储罐周围的其他储罐开启消防用水喷淋，做好防火保护；命令有关人员准备好堵漏器具，做好堵漏准备；通知消防队进行顶水作业；由储罐的操作人员控制进水阀门，注意液位和压力，严禁超压，配合消防队顶水作业；当顶水达到预期效果时，做好个人防护的堵漏人员携带相应夹具、注胶器和密封胶进入现场开始堵漏；堵漏人员将与泄漏部位相匹配的夹具固定在泄漏部位，并用螺栓固定，用事先填好密封胶的液压式注胶器向夹具的预留孔内注入密封胶；当泄漏量逐渐减少时，检查夹具固定情况，停止向泄漏点倾水和向其他储罐喷淋，并撤回器材，向上级报告。

5. 应急保障

生产经营单位专项应急预案中的应急保障一般可参考综合应急预案进行设置，主要包括通信与信息保障、应急队伍保障、物资装备保障、其他保障等。

2.2.3 现场处置方案

现场处置方案是指生产经营单位根据不同生产安全事故类型，针对具体场所、装置或者设施所制定的应急处置措施。现场处置方案一般包括事故风险描述、应急工作职责、应急处置措施和注意事项，尽量体现自救互救、信息报告和先期处置的特点。对于事故风险单一、危险性小的生产经营单位，可只编制现场处置方案。

1. 事故风险描述

通过风险分析应明确可能发生的事故类型、事故发生的区域、地点、装置的名称、事故可能发生的季节和造成的危害程度。

2. 应急工作职责

根据工作岗位，明确岗位人员的应急工作分工和职责。

3. 应急处置

应急处置主要包括以下内容：

（1）事故应急处置程序。一般需明确事故报警、各项应急措施启动、应急救护人员的引导、事故扩大及同生产经营单位应急预案衔接程序。

（2）现场应急处置措施。从人员救护、工艺操作、事故控制、消防、现场恢复等方面制定明确的应急处置措施。

（3）明确报警负责人、报警电话及上级管理部门、相关应急救援单位联络方式和联络人员、事故报告基本要求和内容。

4. 注意事项

为确保事故现场作业人员安全组织应急救援行动，应对事故现场应急救援有关工作进行提示，包括人员防护和自救互救、装备使用、现场安全等方面的内容。

2.3 大型活动应急预案

为了切实加强大型活动的安全管理，避免在活动中发生重大安全事故，最大限度地减少人员伤亡和财产损失，维护正常的活动秩序，大型活动主办或承办机构应当结合实际情况编制大型活动应急预案。大型活动应急预案侧重明确大型活动组织指挥体系、外围保障体系、预案体系构成、主要任务、活动安全风险隐患及防范措施、应急联动、监测预警、信息报告、应急处置、人员疏散撤离组织和路线等内容。

2.3.1 大型活动应急预案概述

举办大型会展和文化体育等重大活动时，责任单位应制订大型活动应急预案。制订者既可以是政府，也可以是企事业单位或其他社会组织。

1. 大型活动的特点

1）关注度高

大型活动是面向社会的群体性活动，一般会受到广大人民群众的密切关注，同时也会吸引各级各类媒体的目光。大型活动的准备时间很长，这给了筹办方足够时间去宣传，扩大活动的影响，吸引媒体的注意，同样媒体也会在筹办阶段不时地向社会宣传报道，让更多的人关注这一大型活动。虽然大型活动准备时间很长，但在实际的举办过程中所用时间并不长，也正因为如此，对成功举办活动的一系列工作也就有很高的要求。如何处理大型活动举办过程中的各种突发事件也就成了我国现阶段应急管理工作中的重要一环。

2）社会性

大型活动往往会引起社会各界的广泛关注，参与人员较多，体现了强烈的社会性。例如“奥林匹克运动会”“世界博览会”等，吸引了社会各界人士的目光，来自世界各国的人员都参与其中，这不仅能起到对举办方的宣传作用，也检验了举办方的应急管理能力。大型活动举办地的政府及其部门和社会普通民众，都与大型活动有着紧密的联系，所以大型活动具有强烈的社会性。如何在保障大型活动顺利进行的同时，维护社会的安全与稳定，也是当今应急管理的重要内容。

3）安全性

一场大型活动的举办往往会涉及很多人，无论其举办成功与否，安全问题始终都是第一位的。对于大型活动的安全，我国有过极其惨痛的教训，在举办大型活动的过程中，酿成了重大事故。例如，2014 年“12·31”外滩陈毅广场拥挤踩踏事件就是一起对群众性活动预防准备不足、现场管理不力、应对处置不当而引发的拥挤踩踏事故，造成了重大伤亡和严重后果，最终导致 36 人死亡，49 人受伤，而且受伤的人大多数都是学生[①]。因此，大型活动的安全性不容忽视，如何杜绝和降低各类大型活动的突发事件的发生及损失是应急管理领域的重要工作。

4）多样性

大型活动不仅多人参与，而且涉及很多领域，包括经济、文化、旅游、教育、体育等各行业。2008 年，我国举办的北京奥运会（第 29 届夏季奥林匹克运动会）共有参赛国家及地区 204 个，参赛运动员 11438 人，设 302 项（28 种）运动，共有 60000 多名运动员、教练员和官员参加。我国 2010 年上海世界博览会共有 190 个国家、56 个国际组织参展。

---

① “12·31”外滩陈毅广场拥挤踩踏事件联合调查组．“12·31”外滩陈毅广场拥挤踩踏事件调查报告［R］.

大型活动多种多样，内容十分丰富，我国成功举办的各类大型活动，不仅提供了一场场视觉盛宴，同时也提高了我国的应急管理能力。

综上所述，大型活动不仅涉及领域多，形式多种多样，同时也受到社会各界人士的广泛关注，因此，必须保障各类大型活动安全举办。然而在实际生活中，无论是大型活动的准备阶段还是举办阶段，往往会有各种意料之外的事情出现，从而造成活动停办或者延期，还可能造成人员伤亡、财产损失、社会动荡。

2. 大型活动突发事件影响因素

根据突发事件的分类（自然灾害、事故灾难、公共卫生事件和社会安全事件），对于大型活动的各种突发事件也可以通过这四个角度去理解。

1）从自然灾害的角度

从自然灾害角度去分析可能影响大型活动的因素，是指由于发生的自然灾害导致大型活动不能正常举办。比如，台风、地震、暴雨、海啸等自然灾害导致各种大型活动延期。

2）从事故灾难的角度

针对各种大型活动中可能出现的事故灾难，包括人群踩踏、交通事故、看台坍塌、烟花伤人、特种设备事故等，可以理解为是筹办方准备工作不足、管理不善、处置不当而造成的大型活动事故。

3）从公共卫生事件的角度

公共卫生事件较为特殊，其影响范围往往极大，对大型活动的影响一般是取消或延期。2019 年末爆发的新型冠状病毒感染，席卷全球，由于其具有传染特性，很多大型活动不得不取消或延期。

4）从社会安全事件的角度

此类大型活动的突发事件可以理解为某些集团、组织为了达到其自身的目标而对某些大型活动蓄意破坏，一般是筹办方的敌对势力或恐怖分子的破坏。这种突发事件往往是暴力的，直接对人的生命安全造成威胁，一旦发生便会导致严重后果，影响筹办方的地位与声誉，是一种特殊的大型活动突发事件。

3. 大型活动应急预案的内容

大型活动的举办，是筹办方提升其自身知名度的重要方法，很多时候也是人们学习、休闲、娱乐的重要方式。随着我国经济的不断发展，各式各样的大型活动也会越来越多。为使各类大型活动顺利开展，避免各种意外出现及其造成的损失，有必要对大型活动提前做一些准备工作，这就需要制定大型活动应急预案。

大型活动应急预案应该包含活动前、活动中和活动后三个阶段的内容。

（1）活动前应进行充分的准备和对可能发生的各类突发事件作出预测，然后针对可能出现的各类突发事件做好充足的准备工作。此外，应注重各类突发事件的事前预测预警工作，收集各类信息，科学研判，对可能发生的大型活动突发事件进行风险评估，及时发出预测预警信息，并采取各类措施降低各种突发事件发生的风险。事前的准备和预测预警工作是大型活动应急预案的重要基础。

（2）活动中应对发生的各类突发事件及时开展应急处置与救援工作，做到快速、有序、高效。大型活动突发事件往往发生在极短的时间内，需要迅速地对各种突发状况作出合理的处置，控制事态发展及扩散，组织应急救援力量进行紧急救援，降低突发事件带来的各种影响。建立快速响应机制，组织救援队伍和调配应急物资，是应急预案中必不可少的内容。

(3) 活动后需要妥善处置大型活动中由于突发事件带来的不良影响，包括对伤亡人员的补偿、各种设施的维修与更新、社会秩序的恢复等。大型活动往往具有较为深远的影响，对于各种不良影响如果不能合理处置，不良影响就可能进一步扩大，从而酿成不可控的严重后果。后期处置也是应急预案的重要一环，高效的后期处置可以有效消除负面影响，尽可能挽回形象，减小损失，维护社会稳定。

另外，大型活动的举办一般可以分为两类：一类是在一定周期内重复举办某项活动，具有周期性；另一类是在某个特定的时间举办一次，一般不会再次举办这项活动，具有偶然性。针对不同类型的大型活动，在编制应急预案时应该有不同的侧重点。具有周期性的大型活动，可以充分总结以往举办的经验和教训，进行科学分析和优化，逐步完善提高。而具有偶然性的大型活动则侧重于活动前的准备与预测预警工作，尽可能避免或降低风险，保证活动顺利进行。

2.3.2 大型活动应急预案编制原则及策略

大型活动应急预案是保证大型活动顺利举办的重要因素，要使编制的应急预案具有科学性和可行性，必须遵循一定的原则和策略。

1. 大型活动应急预案编制原则

1）居安思危

居安思危，防患于未然。也就是说从源头上避免各种突发事件发生，这是最直接，也是代价最小的应对突发事件的方法。大型活动的举办会遇到各种各样的事故风险隐患，我们要直面风险隐患，分析其产生的根源，从而避免其演化为突发事件，这是制定应急预案的重要原则。在风险隐患演化为突发事件之前将其消除，不仅保障了人们的生命与财产安全，也节约了大量的应急资源。针对大型活动，首先在筹办期间，将可能影响活动正常开展的因素尽可能多地列举出来，并科学分析这些因素可能产生的后果，针对性地制定应急预案。其次及时更新各种信息，并对应急预案及时进行修订，使得应急预案日趋完善。我国正处于经济高速发展阶段，各类大型活动日趋增多，规模越来越大，关注度也越来越高，一旦出现大型活动突发事件，将会给我们带来不可估量的损失。因此，从源头上避免大型活动突发事件的发生很有必要。另外，很多人往往把目光集中在突发事件的应急处置与救援方面，忽略了突发事件发生前的种种风险隐患，对于各种小的风险置之不理，同时存在侥幸心理，认为不可能发生事故，思想上放松警惕，没有做到居安思危，防患于未然。也正因如此，很多原本可以轻松解决的风险隐患，最终演化为严重的突发事件。所以，作为大型活动的筹办方，必须对安全有一个清晰的认识，居安思危，始终将安全放在第一位，认真做好活动准备阶段的各项工作。

2）相机决断

突发事件往往会在极短的时间内造成严重后果，即使事前的准备较为充分，但因其突发性还是难以面面俱到。所以，这就要求在应对突发事件时，做到快速、有序、高效，要根据现场的实际情况，相机决断，控制事态，减少损失。另外，大型活动的突发事件往往发生在现场，而将突发事件的信息上报大型活动的高层决策者需要一定时间，且需层层上报，这样不仅浪费时间，而且可能存在信息失真的问题。高层决策者因其不在现场或者其本身的原因，作出的决策也不一定是最好的。所以，突发事件发生后，这就要求活动现场人员相机决断，进行合理的先期处置，及时采取行动，快速控制事态发展，迅速上报，减少损失。

3）影响最小

由于突发事件爆发之前往往是可以被预料的，且突发事件造成的后果往往是由小变大的，如何在突发事件事态升级之前，果断地作出合理的决策，及时控制事态发展，降低突发事件带来的损失，这也是在编写大型活动应急预案时需要重点考虑的。在大型活动筹备期间，应尽可能多地收集各方面信息，分析判断应对突发事件所需的各类资源，包括应急指挥人员、现场救援人员和应急物资等，为开展大型活动突发事件的应急处置与救援工作奠定良好基础。

4）以人为本

在应对大型活动的突发事件时，要把人的生命安全放在首位，做到以人为本。大型活动往往涉及的人员较多，一旦发生突发事件，将会对人的生命产生巨大威胁，而且如果有人员伤亡，将会使突发事件的影响进一步扩大。因此，在编制大型活动应急预案时，也必须把人的生命安全放在首位，树立“人民至上、生命至上”的理念，做到以人为本。

5）事后评估

大型活动的突发事件结束之后，并不意味着整个过程的结束，在大型活动的应急预案中，还应该有事后的评估，包括总结经验、吸取教训、完善提高。在事后的总结评估阶段，活动的组织方应该直面现实，正视工作中的不足之处，对一些可能导致发生类似突发事件的问题及时处理。另外，也可以通过事后评估，分析突发事件发生的原因和应急处置与救援的过程，总结经验教训，提出改进意见，适时修订大型活动应急预案，使之不断完善，增加其科学性和可操作性，为下次应对同类突发事件奠定坚实的基础。

2. 大型活动应急预案编制策略

1）信息分析

各种突发事件往往都是由小的风险隐患一步步演化而来的。在大型活动突发事件发生之前，组织活动过程中往往会有一些不和谐的事情发生，也就是影响突发事件的因素。当这些因素逐渐积累，达到一定的程度时，就会导致突发事件爆发。所以，在这些不和谐的小事件出现时，正是将大型活动的突发事件扼杀在萌芽状态的最好时机。

大型活动的组织者必须注意到这些小问题，并在演化为突发事件之前控制其发展与演化，这就需要给予组织者全面且准确的信息决策支持。因此，收集信息并进行分析与预判，就变得极为重要。

在收集大型活动应急预案的信息时，要明确信息的来源和渠道，只有在确保信息真实性的基础上才能通过信息分析得到准确结果。信息收集的途径和内容主要包括：①通过网络媒体，包括电视、报纸、杂志及互联网等。网络信息泛滥时代，网上的信息多且杂，包括很多新闻报道、网络评论、学术成果等，但是互联网上的信息真假不一，需要仔细辨别信息的真实性。②事故调查报告和隐患排查记录表。事故调查报告有以往发生的类似突发事件，可以从中总结经验，采取措施，避免同类事故发生。隐患排查记录表是针对可能发生的突发事件进行研判，采取适当措施避免其演化为突发事件。③实地调研。活动组织者可以到活动组织现场观摩学习，与现场人员开展交流座谈会，广泛听取各方意见，集思广益，充分收集信息。

在充分收集信息之后，需要对信息进行系统的分类整理，发现信息中所暴露出来的问题，分析产生这些问题的根源。在进行信息分析时可采用两个标准，即事件发生的可能性和可能产生的后果。事件发生的可能性就是突发事件发生的概率是多少，可能产生的后果包括可控不可控、影响好坏、损失大小等。应将信息分析结果提供给组织的高层决策者，以便能更好地采取措施来保证大型活动顺利进行。

2）快速反应

为了控制大型活动突发事件的发展与演化，降低突发事件所带来的损失，需要在有限的时间内进行有效的应急处置与救援，快速反应，及时控制突发事件的事态。因此，在应对突发事件时，应急机构设置应该简单直接，应急指挥应方便快捷。很多国家在应对突发事件时都会体现快速反应的策略，对待突发事件，快速反应，控制事态发展，减少损失，降低影响。大型活动涉及企业、城市、国家的形象，且参与人员较多，一旦发生事故影响比较大。因此，在最短的时间内控制事态发展，针对各类大型活动的突发事件快速反应，是编制大型活动应急预案的重要策略之一。

3）舆论引导

舆论引导是通过对一些信息的披露、解释、加工等，引导社会公众，促使事态向期望的方向发展，以达到既定目的的过程。舆论引导一般包含三个方面：①舆论的引导方，在我国一般是各地的各级政府；②舆论引导的媒介，包括报纸、杂志、电视、网络等，现在舆论引导的主要方式是通过互联网；③舆论引导的受体，一般来讲就是社会大众。舆论引导的方向，在应对突发事件过程中具有极其重要的作用，是化“危机”为“转机”的关键。实践证明，正确的舆论引导，不仅能降低突发事件带来的负面影响，还能化险为夷，使坏事变好事。比如，我国的新闻媒体在新冠疫情期间，坚持正确的舆论导向，不仅避免了我国出现社会恐慌，维护了社会稳定，而且极大地增加了我国各族人民战胜疫情的信心，推动形成了全国抗疫的局面，同时大力倡导“一方有难，八方支援”的伟大精神，在我国抗击新冠疫情过程中发挥了积极的作用。大型活动本身的关注度比较高，如何在发生突发事件时发挥新闻媒体的作用，正确地进行舆论引导，这需要在实践中不断地探索。信息化时代，信息传播极快，新闻媒体要充分运用其对社会公众的影响力，充分发挥其在应急管理中的重要作用，努力使危机向转机的方向发展。

大型活动应急预案是我国应急预案体系的重要组成部分，随着我国经济的快速发展，各式各样大型活动的举办次数也会越来越多，规模也越来越大，影响越来越深远，其安全问题也日益成为人们关注的焦点。大型活动应急预案就是针对发生或者可能出现的各类突发事件而事先编制的详细的计划或方案，好的预案能快速、有效地降低各类突发事件的发生及其带来的损失，最大限度地保障大型活动顺利进行。但是目前，我国的大型活动应急预案还有一些不足之处，如预案没有达到预期效果，实际操作性较差，还需要不断发展与完善。

2.4 应急预案体系存在的问题及改进措施

2.4.1 预案体系存在的问题

随着我国经济社会的发展变化，我们发现，已有的预案体系暴露出越来越多的问题，主要有以下三个方面。

1. 功能定位不清，对预案重要性认识不足

虽然编制应急预案已成为各级政府和部门开展应急管理的常规动作，各类应急预案也成为领导案头的必备文本，但在实际工作中，应急预案往往被束之高阁，极少被用于实际工作。具有“象征意义”的预案没有在各级政府防范与应对突发事件中发挥应有的作用。这次新冠疫情出现后武汉市的早期应对，我们就难寻“武汉市突发公共卫生事件应急预案”的踪影。

究其原因，一是预案体系的功能定位出现偏离，重“规范性”功能而忽视“技术性”功能。作为应急管理起点的应急预案，应该发挥行动指南的作用，“为应急指挥和救援人员在紧急情态下行使权力、实施行动的方式和重点提供导向”①。但是，在实践中，“一案三制”应急管理体系中的法制、体制、机制建设普遍滞后于应急预案建设，“预案在前、法律在后”的特征使应急预案替代了应急法律，兼具法律规范性和事务操作性功能，宏观性、原则性内容多，具体性、操作性行动方案少，应急预案沦为纲领性、宣言性文件，无法发挥应有的作用。针对不同层级和类别的应急预案，缺乏科学的分层分类。应急预案框架中的总体应急预案、专项应急预案、地方应急预案、企事业单位应急预案等是基于责任主体而不是使用功能来划分预案类型，容易导致全国自上而下出现体系性重复，机械性照搬，“上下一般粗”“左右一样平”②。二是相关领导对预案重视不够，缺乏科学应急管理思维。在工作中依然有不少领导干部没有树立牢固的风险防范意识和底线思维，思想上麻痹大意，片面理解应急管理工作，将应急管理简单等同于应急处置，忽视应急预防准备工作，对应急预案的重要性认识不足。应急预案是贯穿应急管理工作全过程的一条主线，是成功处置突发事件的前提和基础。对应急预案重视不足，反映了领导干部缺乏科学的应急思维，缺乏危机分析、风险评估及应急治理理念。当出现突发事件时，一些人还存在“花钱买平安”“使劲捂盖子”“故意歪曲事实”“心存侥幸心理”等各种错误心态，在具体应对中凭经验应急或者依靠强力加蛮干。

2. 预案内容质量不高，实用性操作性不强

随着我国应急预案框架体系基本形成，各项应急预案的数量快速发展，预案质量提升却较为滞后，在应对突发事件时往往指导性不强，对控制和化解危机效果甚微。

---

① 高小平．中国特色应急管理体系建设的成就和发展［J］．中国行政管理，2008，281（11）：18－24.

② 钟开斌．中国应急预案体系建设的四个基本问题［J］．政治学研究，2012（6）：87－98.

首先，在预案编制上普遍存在“重救轻防”现象。应急预案是基于安全风险研判后的行动方案，不只是突发事件发生后开展应急处置的指导文件，而应该作用于事前、事中、事后全过程。在角色定位中，适当向前延伸，做好危险源排查和管控，做好有针对性的监测预警工作。同时适当向后延伸，对事后应急恢复工作提供指导①。当前，各级政府部门对应急预案的地位和作用认识不清，单纯认为应急预案作用于突发事件响应和处置，忽略了应急预案在开展风险管理和应急准备方面的重要角色，在编制预案过程中缺乏危害识别和风险管理导向，缺乏事前、事中、事后全流程内容设计，影响应急预案的实用性。

其次，预案内容有待完善，指导性、操作性不强。从现有政府应急预案的主要内容来看，它一般包括总则、组织体系、运行机制、应急保障、监督管理、附则等部分内容，这些要素内容简单、篇幅较短、更多为原则性描述、操作性不强。具体各部分的内容编制也容易出现重点把握不足、详略把握不当、某些核心要素欠缺等各类问题，影响预案质量。由于绝大多数专项应急预案和部门预案把重点放在“应急处置”上，预案中缺乏风险分析、应急资源调查等重要内容。部分预案虽然对各种救援力量的职责分工进行了明确，但在具体应急处置中对各种力量如何调动、部署以及相互之间如何开展协同救援等缺乏统筹安排，对涉及跨区域跨部门的复杂事故灾害更欠缺指导性。另外，应急预案对“组建专家库”强调不够，缺乏详细指导。只有提前将防范与应对突发事件的各类所需专家学者组建入库，才能及时在突发事件预防准备、监测预警、救援处置、恢复重建等各环节充分发挥人才力量、开展科学分析和专业咨询，为领导决策提供可靠参考。部分专项应急预案对应急资源保障工作缺乏考虑，未能将应急物资储备调运配置、通信技术、避险逃生提示等各方面的相关应急支持保障工作纳入预案编制。此外，部分预案未能将原生灾害向次生灾害与衍生灾害发展转化纳入预案内容视野，缺少危机处置的全过程管理、发散性预防的意识②。

再次，应急预案编制队伍不够专业，应急预案不接“地气”。当前各项应急预案存在格式雷同、内容交叉重复、内容空泛、实用性不强问题，这与预案编制人员不专业有直接关联，预案的内容没有经过专家论证，或者专家论证只是走过场，导致缺乏科学性和可操作性。

3. 预案动态管理滞后，评估修订流程缺失

对预案进行评估修订，是确保应急预案科学性和实用性的重要保障。应急预案是在风险评估基础上的突发事件预防和处置方案，需要随着时代的发展进步、环境和形势的变化及时进行更新和完善，以真正起到防患于未然的作用。

但是，现行的应急预案往往成为应付上级检查和考核的文档，检查完后就束之高阁。相关部门并没有就预案开展宣传、学习和演练，更没有进行相应的效果评估和修订工作。长此以往，应急预案就会跟实际情况脱节，变得没有参考价值。政府应该及时调整修订应急预案，开展预案评估。当前我国正处于各种风险挑战和社会矛盾的不断累积甚至集中爆发期，作为行动指南的应急预案动态性、适应性不足，则会造成预案文本与实际情况出现

---

① 肖文涛，许强龙. 基层政府应急预案管理：困境与出路［J］. 理论探讨，2006，188(1)：12－16.

② 夏一学. 应急管理：整合与重塑［M］. 天津：天津大学出版社，2017.

较大偏差，影响应急管理工作效能，削弱防范和化解风险、处置和应对突发事件的能力。

2.4.2 优化完善应急预案体系

应急预案是应急管理中不可或缺的组成部分，是成功处置突发事件的前提和基础。随着经济发展和社会转型，各种矛盾问题交织，致灾因素增多、各类突发事件及非传统风险不断增加，如何通过优化完善应急预案体系，提升各级干部化解重大风险、处理公共危机的能力，是当前政府面临的重要挑战。

1. 提升认识，树立科学应急的指导思想

在应急管理中提升政府部门和各级干部对应急预案的认识，将应急预案建设提升到战略地位，将编制、修订应急预案作为维护国家公共安全、保障社会和谐稳定的长期性、基础性工作。将科学应急、依法应急、公开应急作为应急预案编制与实施的指导思想，提高领导干部的危机意识，转变过去依靠经验应急的惯性思维，通过应急预案编制和演练掌握风险辨识、危机预防和处理手段，提升应变能力。

2. 健全法制，理顺应急预案与法律法规的关系

加强与应急预案相关的法律法规顶层设计，理顺各项法律与应急预案之间的关系，明确应急预案定位。修订《中华人民共和国突发事件应对法》等应急管理系列法律法规，同时出台相应的政策性文件，在实践基础上对法律法规的实效性进行分析评估和修订。在地方层面，加快地方应急管理法规的建设，完善地方立法体系，建立风险识别、分类、登记、公告的法规和制度，并建立相应的责任追究机制。修改和废除现有法律法规中相冲突的内容，弥补不同法律法规间、法律和预案间的缝隙，使法律法规成为应急预案的有效支撑，促进双方协调配合，使应急预案的编制和执行有法可依。

3. 完善内容，建立风险导向、科学实用的预案体系

转变以“应急处置”为核心的应急预案编制导向，将风险分析纳入预案编制工作。根据地区实际情况和部门情况，在预案编制前期开展危险源识别、脆弱性分析和风险评估，建立动态科学的风险评估机制。根据风险类型和特征，编制相应的应急预案。在应急预案中建立风险识别预警、突发事件应对处置、事后恢复重建等全过程行动指南，提升应急预案的实用性。

完善应急预案内容，提升预案质量。要建立覆盖全面、层级分明、分工明确的应急预案体系。区分专项应急预案、部门应急预案等不同类型预案的编制目标和侧重点，按照编制目标进行重新定位，在风险分析资源调查的基础上，明确各类突发事件的应急处置程序及关键任务清单。转变预案内容偏重原则性、忽视操作性，重部门职责、忽视技术指导的现状，完善内容要素，提高内容质量，建立分工明确的应急行动框架，设置科学合理的处置流程和救援方式，提升应急预案的可执行性。

同时，在应急预案中不断增强内容要素的完备性。将次生灾害、衍生灾害控制纳入预案内容，列明预防和处置次生、衍生灾难的链接预案；建立由应急管理专家、技术领域专家、法律专家、心理专家、传媒专家等各类专业人才组成的专家库，提供高质量辅助决策。

4. 优化管理，完善预案评估和修订工作

优化应急预案编制、演练、评估、修订等各项工作，明确编制和修订原则、程序，形成制度化的预案管理模式，加强预案的规范性管理。组建专业化的预案编制队伍，组织相关领域专家、各应急力量负责人、一线处置人员等广泛参与研讨，开展风险评估、预案编写培训、预案效能检测，保证预案的科学合理。完善评估机制，对应急预案开展预案编写评估、预案演练评估和预案实施评估，设置科学的评估标准和可供操作的评估方法，不断提升预案的有效性。坚持“即时修订与定期修订相结合”的原则，积极通过工作实践、培训演练、定期评估等途径发现应急预案存在的问题，及时查漏补缺，增强预案内容与实际工作的契合度。定期组织专家对应急预案中的风险分析、情景预设、组织指挥、现场处置、应急保障等各类要素和内容进行重新评估，开展相应的修订和调整，提升预案的动态适用性，确保预案的操作性和指导性。同时，建立健全与应急预案相关的各项配套制度。完善应急物资储备机制，加强其对应急预案实施的支撑；严格预案的责任管理和评审、发布、监督工作，加强对各级各类应急预案的整合与协调，提高应急预案的系统联动和衔接效率。

【本章重点】

1. 政府应急预案体系包括各级人民政府及其部门制定的总体应急预案、专项应急预案和部门应急预案。

2. 政府总体应急预案是应急预案体系的总纲，是政府组织应对突发事件的总体制度安排，主要规定了突发事件应对的基本原则、组织体系、运行机制以及应急保障的总体安排等，并明确了相关各方的职责和任务。

3. 生产经营单位生产安全事故应急预案是生产经营单位根据有关法律、法规和相关标准，结合本单位组织管理体系、生产规模和可能发生的事故特点制定的，是本单位应急救援的详细行动计划和技术方案。

4. 综合应急预案主要规定了应急组织机构及其职责、应急预案体系、事故风险描述、预警及信息报告、应急响应、保障措施、应急预案管理等内容。

5. 大型活动应急预案编制原则包括居安思危原则、相机决断原则、影响最小原则、以人为本原则和事后评估原则。

【本章习题】

1. 试述我国应急预案体系的形成过程。
2. 政府应急预案体系主要包括哪些种类的应急预案？
3. 综合应急预案中应急响应主要包含哪几个部分？
4. 目前我国的应急预案体系存在哪些问题？如何进行改进？

3

应急预案的编制准备

科学的应急预案编制不是信手拈来、唾手可得的事情，而是一个较大的复杂工程，开始编制之前需要做充分的准备。其中包括预案编制人员、预案编制所需的资料、对所编制预案相关案例的研究等，都要悉数到位。无论是政府还是企事业单位，在决定编写应急预案时，都需要对相关案例进行充分研究，然后确定预案编制人员以及预案编制依据的法律法规和相关文件资料。只有做好预案编制前期的准备工作，才能使得编制出来的应急预案更具适用性、科学性和可操作性。

案例导入

“3·11”日本大地震也称东日本大地震，指2011年3月11日发生在日本东北部太平洋海域（日本称此处为“三陆冲”）的强烈地震。此次地震的震级达到9.0级，震中位于日本宫城县以东太平洋海域，距仙台约130公里，震源深度20公里。此次地震引发的巨大海啸对日本东北部岩手县、宫城县、福岛县等地造成了毁灭性破坏，并引发福岛第一核电站核泄漏事故。2022年3月9日，日本警察厅公布了截至3月1日统计的“3·11”日本大地震受灾情况：死亡人数为15900人，涉及12个都道县；失踪人数为2523人，涉及6个县①。

其实在日本东北近海地震之前，日本政府事先已经做了较好的准备：2003年10月至2006年1月期间成立了日本海沟和千岛海沟周边海沟型地震的专门调查委员会，划定了8处强震危险区并进行了灾害评估，其中包括宫城县近海的8.2级地震危险区。中央防灾会议依据该调查结果，分别于2006年2月、3月，2007年6月，2008年12月，制定了专门的日本海沟和千岛海沟周边海沟型地震对策大纲、防灾对策推进基本计划、应急对策活动要领、地震防灾战略，对日本东北部太平洋近海地的灾害预防、紧急应对、灾后重建等不同防灾阶段做了充分的准备。

地震灾害发生后，日本中央政府和各级地方政府立即采取行动，并作出了一系列

---

① 中日联合考察团，周福霖，崔鸿超，等．东日本大地震灾害考察报告［J］．建筑结构，2012，42（4）：1-20.

重要决策，具体包括：设置灾害对策室，紧急召集相关人员；设置紧急灾害对策本部；召开灾害对策本部会议；内阁官员召开会议；设置原子能灾害对策本部；首相发出命令，要求福岛第一核电站半径3公里以内疏散，半径3~10公里以内退避屋内等；岩手县等多个地方政府根据地方防灾规划分别设立了地方政府灾害对策指挥部；受灾的地方政府根据危机管理应急预案开展了应急救援救灾行动。按照应急预案规定的救援程序和内容，各地政府迅速、高效、有序地开展应急救援行动，将地震造成的人员伤亡、财产损失和环境破坏降到最低限度。日本政府在此次地震的应急救援过程中基本上做到了有条不紊，防震减灾机制发挥了应有的作用。

3.1 预案编制人员准备

3.1.1 预案编制工作组

预案编制是一项极其复杂的系统工程，需要成立由政府负责人、相关部门负责人、专业人员、预案编制专家等组成的预案编制工作组。预案编制工作组一般设一位组长，两位副组长。组长原则上由能参加编制全过程的来自政府的最高负责人出任，负责编制的全面工作，协调所有涉及的有关部门配合编制，特别是管理所有参与编制的人员。副组长中，一位可由应急管理部门（编制总体应急预案时）或突发事件应急处置牵头部门（编制专项应急预案时）的负责人出任，负责编制的业务管理；另一位可由预案编制专家出任，负责编制的技术性工作。整个预案编制过程需要预案编制工作组成员精诚合作，既要使所有成员配合好，又要使每一个人都能最大限度地发挥作用。因此，预案编制工作组的恰当组织与磨合，是预案编制成功的前提。

根据预案编制的工作内容，可将预案编制工作组成员分为若干工作小组，并选出组长，组长可以由预案编制工作组指定或由小组成员推选。一般分为编写组、资料信息组和管理保障组：①编写组是负责编写预案文本的主要业务组，应包括各个部门的代表；如果是一个编制工作量比较大的预案，为了工作方便，也可将编写组分为两个甚至三个小组，具体负责预案不同部分的编写工作。②资料信息组负责为编写组提供所需要的各种法律法规、相关文件、相关应急预案、参考资料，为成稿的应急预案编写术语解释和法律法规依据，并负责编写预案编制工作组的工作简报等。③管理保障组负责预案编制工作组的日常管理，如考勤、通信、会议、办公场所、后勤保障等。

编制工作组的工作进展可以以简报的形式定期向负责应急处置的相关部门通报。在涉及职责分配的重要环节，必须得到相关部门代表的认可，或者由其代表征得本单位主要负责领导的批准。严禁出现编制过程中不报告，编制结束后成员单位不认可、重新返工的情况。

3.1.2 预案编制部门

突发事件的应对是一个庞大、系统的工程，从预警、疏散、救援、医疗、保障到后勤、避难的多个环节，需要许多单位和组织共同参与完成。这是因为预案编制过程中要涉及所有单位和组织的责任划分与任务分配，只有本单位的代表对自己单位的责任范围和履责能力最清楚，可以在编制过程中准确领取自己的责任和任务；同时通过与其他单位代表的沟通、谈判和协商，能够厘定本单位的职责界限和衔接方式。如果某个参与应急处置的单位没有代表参加，会导致预案中给该单位确定的责任和任务未必合适或恰当，该单位要么在应急处置时难以履行，要么履行不到位影响应急处置效果。为了避免出现这种情况，补救的办法只能是与该单位重新协商其在应急处置中承担的责任和任务，这样就会延长预案编制的时间，影响效率。

我国从中央到地方政府都编制了许多针对每一种或某一类突发事件的专项应急预案。任何一个专项应急预案，参与应急救援的政府部门和社会组织都很多，它们在应急处置中承担各自的职责和任务。一般来说，在自然灾害类的应急预案中，涉及的部门和单位比较多；在生产安全事故、公共卫生事件和社会安全事件的应急预案中，涉及的部门和单位相对较少。即便如此，从《国家食品安全事故应急预案》来看，参与应急处置的包括卫生部、农业部、商务部、工商总局、质检总局、食品药品监管局、铁道部、粮食局、中央宣传部、教育部、工业和信息化部、公安部、监察部、民政部、财政部、环境保护部、交通运输部、海关总署、旅游局、新闻办、民航局和食品安全办等部门以及相关行业协会组织。当事故涉及国外、港澳台时，增加外交部、港澳办、台办。由此可见，政府的任何专项应急预案都会有诸多部门参与。一般情况下，下述部门在绝大多数突发事件应急预案中都是必不可少的：消防、公安、民政、应急管理、市政、医院、卫生、交通运输、电力、通信、媒体、红十字会、环境保护等。如果事态严重，还将包括地方驻军和武警。

无论政府还是企事业单位，编写预案时都要确定参加编制的所有部门和机构。根据突发事件应急处置的需要，必须参与应急预案的编制部门主要包括参与突发事件应急处置的部门和其他相关部门。参与突发事件应急处置的部门主要包括应急、消防、卫生、公安、交通运输、城管、环境保护、电力、通信、媒体、医院、红十字会等；其他相关部门包括下级行政部门、本地区受影响的大型企事业单位、志愿者组织，以及应急处置过程中需要特别关照的部门，如幼儿园、福利院、特殊仓库等。

3.1.3 预案编制人员

应急预案的编制是一项特殊的工作，预案编制部门选派参与人员时，要求参与人员具有一定的资格和相应的突发事件处置经验以及相当的专业知识。

1. 编制人员的资格

参与应急预案编制的人员必须有足够的级别，能够代表其部门或机构在预案编制过程中作出决策和承诺。预案编制牵头部门的参加代表应当是主要负责人（即使不能全程参加但至少在重要环节参加），或者分管负责人（有可能全程参加），或者他们委托的代表（应该对本部门职责相当了解并承担一定职务，如秘书长、办公室主任等）。其他部门的代表应当是分管领导，如果分管领导不能从头到尾参加，要确保有他们委托的代表递补，不能缺席应急处置的相关环节。此外，参与应急预案编制的人员还应熟悉本部门的基本信息，如部门人员、资源与职责范围，以及本部门相关的应急工作。

目前我国的应急预案编制实践中，参与者一般是本部门的办公室文员，或者相关机构（如应急管理办公室、应急管理处、安全管理处、安全生产部等）的人员，其中级别较高者为主任、处长或副主任、副处长，级别较低者则是一般工作人员。这些人对本部门、本单位的情况不能全盘把握，对在突发事件处置中承担和履行责任的能力心中没数，因而不具备代表本部门、本单位对应急预案规定的任务作出承诺的资格。

某市曾发生过这样一个案例：一起重大交通事故发生后，根据应急预案的规定，该市的交通局应该履行部分救援责任。由于交通局局长没有参加该应急预案的编制，也没有认真学习该预案，所以未能按照应急预案的要求准确、完整地履行救援责任。事后，事故调查组建议给予该局长行政记过处分。该局长深感委屈，认为自己不知道应该承担的责任，也不记得自己在应急预案批准页上签过字。他仔细查看应急预案的文本后，确认确有他本人的签名，后悔未能阅读领会预案规定的责任的分量。其他几位部门负责人与他的情况类似。在随后该应急预案的修订中，该局长和其他部门的负责人几乎悉数到场，并且常常为应急处置中的责任分工争得面红耳赤，不得不由市长出面“仲裁”。希望这个案例能够引起承担应急处置的部门和单位领导的思考与重视，预案编制时尽可能参与，发布后应全面熟悉掌握。

2. 编制人员的经验要求

参与应急预案编制的人员最好参加过突发事件的应急处置，具有与所编写预案相关的突发事件应急处置经验。突发事件应急处置是一个惊心动魄的过程，需要很强的心理素质和专业知识与技能。如果有身临其境的处置经验，对突发事件的认识就会很深刻，对处置过程中的各种工作内容（如人员安排、资源调配等）就会非常熟悉，制定类似的突发事件预案时就能够把握实战的需要，提出切实可行的意见。如果没有相关的处置经验，就不能充分认识突发事件情景对应对者的思维和行为造成的压力，往往会按照常态设计应急处置措施，这样就可能导致应急处置过程中所采取的措施失效。当然，要求所有参与应急预案编制的人员都具备应急处置经验不太现实。一般来说，编制小组中，至少应有两位参与过突发事件应急处置，例如来自公安、消防、医疗救援部门的代表。其他没有参加过突发事件处置的人员，应该观看相关突发事件应急处置的视频、阅读案例报告、研究同类突发事件处置的经验教训。

3. 编制人员的知识储备

参与编制应急预案的人员应具备一定的专业知识和应急管理知识。专业知识是指选派人员应具有本部门业务相关的专业知识。在一个部门中，有单纯从事行政管理者，有单纯从事技术工作者，也有行政与技术两肩挑的人员，而参与预案编制的人员，最好是“两肩挑”人员。应急管理知识则要求参与预案编制的人员熟悉本部门应急管理工作的规定、程序、内容等。

突发事件应急处置是一项专业性很强的工作，在处置突发事件时（自然灾害、事故灾难、公共卫生事件、社会安全事件），采取的措施应符合科学规律和专业要求。比如针对洪涝灾害的防汛应急预案，编制人员如果不懂山洪和地质灾害、城市排水防涝、防洪工程、水毁修复工程、病险水利工程设施等专业知识，是不能够设计出正确恰当的处置流程和措施的。同样，对恐怖袭击这样的社会安全事件，编制应急预案的人员一定要有懂得恐怖分子心理、恐怖袭击的规律和手段、武器和环境的利用反恐专家参与。所以，任何应急预案的编制工作组，都应该有若干熟悉甚至精通该突发事件规律、致灾机理的专业人员参加。同时，参与应急预案编制的人员应当具备较强的文书处理和组织协调能力。此外，可以从当地或其他地区邀请突发事件应急处置的专家和应急预案编制专家参与预案的编制工作。这些人熟悉应急预案的编制过程和方法，能够从预案的技术性、系统性、完整性等各方面指导编制工作，提高应急预案的规范性和可操作性。

参与预案编制的人员还应熟悉本部门的基本信息，如部门的人员、现有资源与职责范围，以及本部门相关的应急工作。如某大学选派到市级应急预案编制小组的代表，应了解本校教职工、学生的人数，本校的资源与基本建筑情况等。

3.1.4 预案编制人员培训

编写人员到位以后，要为预案编写人员做好知识和技能培训。培训内容主要包括：①熟悉和掌握预案编制所涉及的相关法律法规、规章以及标准的内容，特别是关键点描述，确保编写出的预案符合法律法规和政策要求；②学习预案的理论、预案的构成、编写预案的指导文件和模板、编写工作的方法和程序；③分析并认识全国、当地的公共安全形势，了解具有典型性的突发事件响应的案例以及重要的经验教训，认识预案编制的重要性。

3.2 预案编制资料准备

3.2.1 法律

法律是应急预案编制中设计应急响应过程的指导思想、体制、机制、应急处置程序和措施等内容的法律和政策依据，保障应急处置能够始终遵循法律的轨道，不出现重大偏差。应急预案的编制是一个依法依规制定的严谨过程，在预案编制之前，预案编制工作组的成员必须学习和研究所有涉及该突发事件应急处置的法律，并在制定预案时严格遵循法律的要求。

国家关于应急管理最重要的法律是《中华人民共和国突发事件应对法》，它是应急管理的基本法。该法对应急预案编制的重要性和指导性主要体现在：①第一章不仅确定了我国突发事件的分类、分级，更重要的是规定了我国“统一领导、综合协调、分类管理、分级负责、属地管理为主的应急管理体制”，以及应急响应中的若干机制；②第二章预防与应急准备、第三章监测与预警、第四章应急处置与救援和第五章事后恢复与重建详细规定了应急响应的流程、内容、方法和要求；③第六章详细规定了突发事件应对中的法律责任。

此外，大量的涉及突发事件的专项法律也是制定相关应急预案时必须认真学习和研究的。如涉及地震应急预案的《中华人民共和国防震减灾法》，涉及洪水应急预案的《中华人民共和国防洪法》，涉及社会安全类应急预案的《中华人民共和国国家安全法》《中华人民共和国治安管理处罚法》，涉及食品安全事件应急预案的《中华人民共和国食品安全法》，涉及传染病疫情应急预案的《中华人民共和国传染病防治法》，涉及生产安全事故应急预案的《中华人民共和国安全生产法》，涉及消防安全事故应急预案的《中华人民共和国消防法》，涉及道路安全事故应急预案的《中华人民共和国道路交通安全法》，涉及突发环境事件应急预案的《中华人民共和国环境保护法》等。

以上各项法律规定了应对突发事件时应遵循的基本原则，如编写地震应急预案时需参考的《中华人民共和国防震减灾法》规定了地震监测预报、地震灾害预防、地震应急救援、地震灾后过渡性安置和恢复重建等防震减灾活动的各项要求。如，地震监测预报方面规定：县级以上地方人民政府负责管理地震工作的部门或者机构，应当将地震监测信息及时报送上一级人民政府负责管理地震工作的部门或者机构；专用地震监测台网和强震动监测设施的管理单位，应当将地震监测信息及时报送所在地省、自治区、直辖市人民政府负责管理地震工作的部门或者机构。地震灾害预防方面规定：重大建设工程和可能发生严重次生灾害的建设工程，应当按照国务院有关规定进行地震安全性评价，并按照经审定的地震安全性评价报告所确定的抗震设防要求进行抗震设防；建设工程的地震安全性评价单位应当按照国家有关标准进行地震安全性评价，并对地震安全性评价报告的质量负责。

3.2.2 法规

法规是指国家机关制定的规范性文件，如我国国务院制定和颁布的行政法规，省、自治区、直辖市人大及其常委会制定和公布的地方性法规。关于应急管理的法规非常多，都是制定相关应急预案时所必须研究、参考、遵循的文件。例如，行政法规有：国务院颁布的《国务院关于特大安全事故行政责任追究的规定》《生产安全事故应急条例》《生产安全事故报告和调查处理条例》《国务院关于预防煤矿生产安全事故的特别规定》《破坏性地震应急条例》《地质灾害防治条例》《中华人民共和国抗旱条例》等；地方性法规有：《天津市防洪抗旱条例》《北京市实施〈中华人民共和国防洪法〉办法》《河南省安全生产条例》等。这些行政法规和地方性法规中规定的关于突发事件的风险评估、信息报告、管理责任等内容，都是预案编制时必须遵循的。

如，《危险化学品安全管理条例》规定，发生危险化学品事故，事故单位主要负责人应当立即按照本单位危险化学品应急预案组织救援，并向当地安全生产监督管理部门和环境保护、公安、卫生主管部门报告；道路运输、水路运输过程中发生危险化学品事故的，驾驶人员、船员或者押运人员还应当向事故发生地交通运输主管部门报告。发生危险化学品事故，有关地方人民政府应当立即组织安全生产监督管理、环境保护、公安、卫生、交通运输等有关部门，按照本地区危险化学品事故应急预案组织实施救援，不得拖延、推诿。有关地方人民政府及其有关部门应当按照下列规定，采取必要的应急处置措施，减少事故损失，防止事故蔓延、扩大：①立即组织营救和救治受害人员，疏散、撤离或者采取其他措施保护危害区域内的其他人员；②迅速控制危害源，测定危险化学品的性质、事故的危害区域及危害程度；③针对事故对人体、动植物、土壤、水源、大气造成的现实危害和可能产生的危害，迅速采取封闭、隔离、洗消等措施；④对危险化学品事故造成的环境污染和生态破坏状况进行监测、评估，并采取相应的环境污染治理和生态修复措施。

3.2.3 规章

规章是行政性法律规范性文件。规章主要指国务院组成部门及直属机构，省、自治区、直辖市人民政府及省、自治区政府所在地的市和设区市的人民政府，在职权范围内，为执行法律、法规需要制定的事项或属于本行政区域的具体行政管理事项而制定的规范性文件。关于应急管理的规章所规定的内容也是编制相关应急预案时必须参考的文件。例如，《突发事件应急预案管理办法》第三章“预案编制”明确了政府应急预案、企事业单位和基层组织应急预案的编制要求。《生产安全事故应急预案管理办法》第二章“应急预案的编制”规定了应急预案的编制应当遵循以人为本、依法依规、符合实际、注重实效的原则，以应急处置为核心，明确应急职责、规范应急程序、细化保障措施，且应符合下列基本要求：①本地区、本部门、本单位的安全生产实际情况；②本地区、本部门、本单位的危险性分析情况；③应急组织和人员的职责分工明确，并有具体的落实措施；④有明确、具体的应急程序和处置措施，并与其应急能力相适应；⑤有明确的应急保障措施，满足本地区、本部门、本单位的应急工作需要；⑥应急预案基本要素齐全、完整，应急预案附件提供的信息准确；⑦应急预案内容与相关应急预案相互衔接。

3.2.4 标准

为了保证编写的应急预案符合要求，国家和政府主管部门通常会颁发一些编写预案的国家或行业标准，各级地方政府应该按照这些标准要求的格式和方法编写预案。例如，国家标准《生产经营单位生产安全事故应急预案编制导则》(GB/T 29639—2020）规定了生产经营单位生产安全事故应急预案的编制程序、体系构成和综合应急预案、专项应急预案、现场处置方案的主要内容以及附件信息。编制预案时要求应急预案编制工作组应收集下列资料：①企业周边地质、地形、环境情况及气象、水文、交通资料；②企业现场功能区划分、建（构）筑物平面布置及安全距离资料；③企业工艺流程、工艺参数、作业条件、设备装置及风险评估资料；④企业历史事故与隐患、国内外同行业事故资料；⑤属地政府及周边企业、单位应急预案。能源行业标准《水电工程水库蓄水应急预案编制规程》(NB/T 10348—2019）规定了水库蓄水应急预案应包括从导流泄水建筑物开始下闸封堵至水库水位蓄至正常蓄水位时段与水库蓄水相关的突发事件风险分析、突发事件分级、应急组织机构及职责、监测预警、信息报告、应急响应、后期处置、应急保障措施等内容。这些标准比较实用、可行，且具有一定的指导意义，编制人员可根据实际情况学习、运用。

3.2.5 相关预案

相关预案是指与待编写的预案有关联的上位预案、横向相关部门的预案。在应急准备和应急处置过程中，许多工作（环节）需要与这些相关部门协调、配合、合作和相互帮助。为了保证预案编写出来之后能够与这些预案较好地衔接，需要收集这些预案作为参考。另外，待编写预案的上位应急预案要作为待编写预案的编制依据来看待，如省级政府在制定突发事件总体应急预案时，国家突发事件总体应急预案就是其编制的依据之一。

在研究相关预案时，还要特别注意以下几点：①本级政府的应急预案，是针对发生在本行政区域、本级政府有能力处置的突发事件。如果事态超出了本级政府的处置能力，要立即请求上级政府启动应急响应。预案中要明确该节点的时机和应急响应的转换方式。②本级政府处置的突发事件，如果超出或可能超出本行政区域，应立即告知可能波及区域的政府启动应急响应，预案中要明确该节点的时机和告知方式。③突发事件可能产生次生、衍生事件，由不同部门负责处置，从而涉及两个甚至多个应急预案的衔接。如危险化学品泄漏/爆炸事故，既是生产安全事故又是环境污染事故，分属不同的应急响应责任主体。是在启动生产安全事故应急响应的同时启动环境污染应急响应，还是在某个节点或时机再启动，预案中要予以明确。

此外，一些应急预案的编制模板也为应急预案的编制提供了更加具体的内容，使得预案的编写更具便利性。模板几乎固化了应急预案的内容和形式，编写人员只要按照目标规定的操作程序和方法，将指定的内容填进去即可。对于基层单位和部门来说，使用模板编写不会偏离应急响应的基本路线，但是容易漠视模板规定的操作过程，将编写过程流于形式。

3.3 预案编制案例研究准备

参加应急预案编制的人员应当符合专业性要求，但是，很多部门和单位符合这一要求的人员非常有限。即使拥有这样的专业人士，也未必经历过多种突发事件处置，或者具有对处置过的某一种突发事件有充分、准确的认识。因而，参加预案编制的人员，必须尽可能多地搜集同类目标事件的案例，进行全面研究①。

3.3.1 引入案例推理的方法

编制应急预案前，应搜集和研究国内外同类事件的大量应急处置案例，主要原因就是利用案例推理的方法，使其为预案编制服务。案例推理方法是人工智能领域中的基于知识的问题求解和学习方法。

案例推理分为解释型和问题解决型两种。解释型的案例推理是通过将案例库中已经分类的案例和新的案例作对比，从而对这个新案例形成判断或做一个分类。在疾病诊断中，医生可以通过将当前病例的症状和以往的病例进行比较，从而判断患者得的是什么病。问题解决型案例推理就是将以往案例的解决方案应用于新的案例，经过修改后形成新案例的解决方案。用在突发事件的处置上，其逻辑就是：同样的突发事件，处理的方法和流程必然是相同或相近的，所以，通过研究过去同类突发事件处置的案例，学习、借鉴其处置流程和方法，对于现在即将编制的突发事件应急预案来说，是完全可取的。引入案例推理的方法，第一步是搜集尽可能多的国内外同类突发事件处置案例，形成案例库。

3.3.2 研究突发事件的发生和致灾机理

如果不详细了解突发事件发生、发展的基本原理，不掌握其演变进程、节点、特征和

① 夏保成，刘娇，夏元兴．应急预案编制与管理［M］．北京：中国文史出版社，2020.

成灾机理，那么很难设计出科学可行的应对方案。所以，搜集突发事件案例，首先要研究该类突发事件的发生机理。比如，地震发生的原理，90%以上的地震属于构造地震，是由于构成地壳板块的水平或垂直运动，导致应变能积累，当应变能超过刚性地壳板块的承受度时，造成板块快速断裂，瞬间释放巨大的能量，从而引发强烈的地震。通常一次大的地震不会把积蓄的所有能量释放完，主震后会发生一系列较小的地震，通称为余震。再比如，地质灾害发生的原因主要有以下四种：①采掘矿产资源不规范，预留矿柱少，造成采空区坍塌，山体开裂，继而发生滑坡；②修建公路、依山建房等建设中形成人工高陡边坡，造成滑坡；③山区水库与渠道渗漏，增加了浸润和软化作用导致滑坡泥石流发生；④采石放炮，堆填加载、乱砍滥伐破坏土质环境。

研究突发事件的致灾机理，就是弄清该突发事件是如何作用于承灾体，从而造成生命财产损失和环境破坏的。地震的致灾机理是：应变能的释放导致断层错动和地面振动，造成地面建筑物与构筑物的破坏和山体等的破坏。建筑物和构筑物破坏又导致大量人员伤亡，房屋倒塌后火源失控会引起火灾。山体、道路等的破坏使局部地形隆起或沉降，引起山体崩塌、形成滑坡堰塞湖，造成道路开裂、铁轨扭曲、桥梁折断、大坝毁损、地下管道破裂和电缆断裂，造成停水、停电和交通、通信受阻。管道破裂会引起煤气、化工厂有毒气体和放射性物质泄漏，污染环境。地质灾害（泥石流）的致灾机理是：泥石流灾害具有较强的周期性和季节性特点，连续降雨和暴雨是导致泥石流灾害发生的直接因素，尤其是在特大暴雨集中降雨中，其发生概率明显上升。相较于洪水而言，由于泥石流中含有较多的固体颗粒物，因此其破坏力也相对较强，能够使房屋在瞬间被吞噬，严重威胁人的生命安全。

3.3.3 研究突发事件的应对流程与方法

了解突发事件发展的过程和致灾机理后，就可以制定针对性的应急处置流程、措施和方法。其路径是：

1. 遵循突发事件处置工具书的指引

常见的自然灾害，如热带风暴、地震、洪水，人们已经有了成熟的应对方法，出版了许多指导性的应对手册，在相关的网站上也有专门的应对指南，对基本的处置流程和应对措施都做了详细的说明。在制定相关的应急预案时，可参考这些处置流程和应对措施，并结合本地区的实际情况，如地理、人口、基础设施、农业时令等，制定相应的突发事件应对流程和具体处置措施。

2. 总结同类突发事件的处置经验

特别重大和重大的生产安全事故，成熟的应对指南比较少，主要依靠案例研究。方法是参阅国家和各省（自治区、直辖市）应急管理部门发布的事故调查报告，其中详细说明了事故发生的直接和间接原因、发生经过和抢险救援过程，以及应急处置中的失误，对编制预案具有较强的指导价值。通过对同类突发事件应急救援案例的研究，编制者可以基本掌握该类突发事件的致灾机理和应对程序与方法，从而在预案编制过程中能够把握正确的方向和路径。

3. 对口调研

对于某些生产安全事故和绝大多数社会安全事件，尤其是恐怖袭击，应急处置的细节可能不公开，主要利用对口调研或其他途径获取应急处置的流程和措施。特别重要的是，要注重搜集应急处置过程中的失误和教训。前车之鉴、后事之师，对同类突发事件的处置经验的学习、分析，能够提供可靠的处置指导，可以避免在应急处置中重复别人犯过的错误。

【本章重点】

1. 应急预案的编制准备包括预案编制人员的准备、预案编制所需资料的准备、对所编预案相关案例的研究准备等。

2. 应急预案编制人员准备应考虑编制人员的资格、编制人员的经验要求和编制人员的知识储备等。

3. 应急预案编制资料准备有法律、法规、规章、标准以及相关预案。

4. 制定有针对性的应急处置流程、措施和方法的路径是遵循突发事件处置工具书的指引、总结同类突发事件的处置经验和对口调研。

【本章习题】

1. 应急预案的编制准备包括哪些内容？

2. 为什么编制人员要有代表性和资质？

3. 为什么编制预案前要研究相关案例？

4

应急预案的编制步骤

应急预案是否科学有效取决于应急预案编制步骤是否明确合理，精确具体的编制步骤不仅可以促使应急预案的编制精准全面，同时对于应急预案的科学实施也具有重要的指导意义。应急预案编制过程通常包括六个步骤，即风险辨识评估、应急资源调查、应急能力评估、确定应急责任组织和责任人、确定响应程序行动和处置措施、形成预案文本。对于不同类型的应急预案，编制步骤可以根据需要适当调整。

案例导入

2014 年 12 月 31 日 23 时 35 分，上海市黄浦区外滩陈毅广场东南角通往黄浦江观景平台的人行通道阶梯处发生拥挤踩踏，造成 36 人死亡，49 人受伤。2015 年 1 月 21 日，上海市公布“12·31”外滩陈毅广场拥挤踩踏事件调查报告，认定这是一起对群众性活动预防准备不足、现场管理不力、应对处置不当而引发的拥挤踩踏并造成重大伤亡和严重后果的公共安全责任事件①。对事发当晚外滩风景区特别是陈毅广场人员聚集的情况，黄浦区政府和相关部门领导思想麻痹，严重缺乏公共安全风险防范意识，对重点公共场所可能存在的大量人员聚集风险未作评估，预防和应对准备严重缺失，事发当晚预警不力、应对措施不当，是这起拥挤踩踏事件发生的主要原因。

黄浦公安分局未按照黄浦区政府常务会议要求，在编制的新年倒计时活动安全保卫工作方案中，仅对外滩源新年倒计时活动进行了安全风险评估，未对外滩风景区安全风险进行专门评估，导致所编制的活动预案缺乏针对性、可操作性，在突发事件发生时不能及时有效地应对。

编制应急预案时，对可能涉及的突发事件风险进行辨识评估是编制应急预案的一个重要步骤，如果没有进行充分的突发事件风险辨识评估，会导致编制的应急预案很难在实际操作中应用。

---

① “12·31”外滩陈毅广场拥挤踩踏事件联合调查组．“12·31”外滩陈毅广场拥挤踩踏事件调查报告［R］.

4.1 风险辨识评估

风险辨识评估是识别本行政区域或本单位的突发事件风险，分析和评估各种突发事件发生的可能性、危害后果和影响范围，从而确定风险水平的过程。进行风险评估首先需要识别一系列可能发生突发事件的风险源，然后确定风险源引发突发事件的频率及其造成的破坏以及确定突发事件对辖区或单位所造成的影响，最后突出最有可能或最有破坏性的风险源，从而确定制定哪些应急预案。其目的是确定辖区或单位存在哪些突发事件风险，按照风险发生的可能性和风险影响的对象、范围以及造成的严重程度，从而决定制定哪些应急预案。

4.1.1 风险辨识

风险辨识作为风险管理的基础，其任务是调查辖区或单位内已经出现或可能出现的四类突发事件（自然灾害、事故灾难、公共卫生事件、社会安全事件）的具体类型，形成突发事件风险清单。例如，自然灾害风险清单应包括水旱灾害、地震灾害、气象灾害、地质灾害、森林草原火灾等。事故灾难风险清单应包括火灾、爆炸、危险性原料泄漏、放射性物质泄漏、电力故障、建筑物下陷与坍塌、矿山事故、飞机坠毁、火车出轨等。公共卫生事件风险清单应包括传染性疫病、群体性不明原因疾病、急性中毒事件、食品和药品安全事件、动物疫情等。社会安全事件风险清单应包括恐怖袭击事件、刑事案件、民族宗教事件、涉外突发事件等。

为确保风险调查全面，风险清单完整，可采用的风险调查方法有：查找历史资料，走访当地长期住户，并做全面的危险（源）普查。调查时要注意既不要漏掉曾经发生过的突发事件，又要发现新增加的风险源。

4.1.2 风险评估

辖区或单位的突发事件风险清单完成后，需要选择适当的风险评估方法对识别出的风险逐一进行风险评估，列出各类突发事件发生的周期模式、频率/历史、地理范围、严重性/强度/级别、时间框架、发展速度、可预警性、可管理性等，以便排列出编写应急预案的优先顺序。

1. 风险评估程序

风险评估一般按照“确定评估对象和范围—分析评估对象—明确评估目的和要求—选择风险评估方法—进行风险评估计算—分析评估结果—管控风险”的程序进行。在进行风险评估时，首先应确定风险评估对象，然后认真分析评估对象，按照评估对象的特点以及编制应急预案的要求，提出评估目的和要求，之后选择适当的风险评估方法及其需要的初始条件和边界条件，再进行风险评估计算，如果计算结果不能满足编制应急预案的要求，应再次选择其他风险评估方法及其初始条件和边界条件进行计算。最后，应分析风险评估计算的结果，且根据计算的结果对各类突发事件风险制定相应的管控措施。

2. 风险评估内容

风险评估应遵循系统性原则、定性和定量评估相结合的原则、客观性原则。风险评估的主要内容包括四个方面：①风险导致突发事件发生的可能性；②风险导致突发事件发生后造成的危害后果；③风险导致突发事件发生后影响的范围；④运用风险评估方法计算风险等级。

3. 风险评估方法

1）定性评估方法

定性评估方法也称经验评估方法，是按生产系统或生产工艺过程，对系统中存在的各种危险危害因素进行定性的分析、研究、评估，得出定性评估结论的评估方法。该方法通常采用安全评估表，根据经验将需要检查评估的内容以列表方式逐项列出，现场逐条对应评估。安全评估表内容还可根据项目危险程度，将评估项目内容划分为安全否决项（不可控危险）和可控项（中等或可控危险）两部分，存在否决项时，停止评估，向上一级管理层报告，不存在否决项时，对可控项进行赋值，得分不低于规定的临界值，定性为具备安全建设条件；可控项得分低于临界值，停止作业，制定措施进行整改，整改完毕再重新评估。该方法适用于简单系统、大型装备，工作条件和环境相对稳定的岗位的评估。

2）量化风险评估方法

量化风险评估是一种对风险发生的估算频率和/或后果进行量化表述的系统方法和技术手段。量化风险评估要求将承灾体面临的风险程度进行量化，确定出主要的风险要素，并提出相应的降低风险的措施。其基本内容包括：风险识别，对风险发生频率的评估，对风险产生后果的评估，风险管控。通过采用这一技术，可以为我们在进行风险管理决策时提供如下信息：我们是否有足够的安全措施对突发事件风险进行控制；我们的设计和运行策略是否满足我们的可靠性目标；所采取的措施是否可以降低所面临的风险；哪一种设计方法可以在成本可以接受的前提下将我们的风险降低到最低水平；我们是否已经达到了法律法规或相关标准的要求。

3）“风险、危害和经济价值评估”方法

1999 年，美国消防局与特许金融分析师协会（CFAI）在“消防局自我评估”及“消防安全标准”的工作基础上，开发出名为“风险、危害和经济价值评估”方法，这是一个计算机软件系统，包含了多种表格、公式、数据库、数据分析方法，主要用于采集相关的信息和数据，以确定和评估辖区内火灾及相关风险情况，供地方公共安全政策决策者使用。该方法的要点集中于两个方面：一是对各种建筑场所进行火灾风险隐患评估，其目的是收集各种数据，这些数据能够通过高度认可的度量方法，以便提供客观的、定量的决策指导，其中的分值分配系统包括建筑设施、建筑物、生命安全、供水需求、经济价值等；二是社区人口统计信息，包括居住人口、年均火灾损失总值、每 1000 人口中的消防员数量等数据。

4）“风险评估工具箱”方法

该方法解决了两个问题：一是评估方法的现实性。通过对环境、毒品管理、海事安全等部门所使用的各种风险评估方法进行广泛考察后，研究人员认为如果对这些方法加以适当转换，就可以通过不同的方法对消防队应该接警响应的不同紧急情况进行评估。二是建立了表现社会对安全风险可接受程度的指标。

“风险评估工具箱”方法的实施分为三个阶段。第一阶段，在全国范围内对应该接警响应的各类灾害事故和各类建筑设施进行风险评估，得到一组关于力量部署和安全设施规划的国家指南，进而对国家水平的风险评估设定一个包括四个方面的通用程序：对生命和/或财产的风险水平进行估算；把风险水平与可接受指标进行对比；确定降低风险的方法，包括相应的预防和力量的部署；对不同层次的风险预防工作的作用进行估算，确定能合理、可行的降低风险的最经济有效的方法。第二阶段，国家指南确定后，才能提供一套评估工具，各主管部门可以利用这些工具在国家规划要求范围内对当地的各类风险进行评估，并对有关力量进行相应部署。该项目要求针对以下四类事故制定风险评估工具：住宅火灾；商场、工厂、多用途建筑和民用塔楼等人员比较密集场所的建筑火灾；道路交通事故等危及生命安全、需要特种救援的事故；船舶失事、飞机坠落等重特大事故。第三阶段是对使用上述评估工具的区域进行考察，估算其风险水平，与国家风险规划指南对比，并建议应配备的有关力量和安全设施水平。

5）风险矩阵模型方法

风险矩阵模型按照严重程度和发生频度对风险进行评估，严重程度包括潜在的死亡情况、受伤情况、财产损失、商业中断、环境和经济影响，级别从“灾难”到“小”，然后以发生频度和严重性作为 x 轴和 y 轴，做风险矩阵。最后根据风险特点划分风险类别，A 类风险具有最高优先级，需要立即处置；B 类属于中高风险，尽可能给予处置；C 类属中低风险，需要密切关注；D 类属于低风险，需要进行监控。

4.2 应急资源调查

开展应急资源调查的目的是对本地区、本单位第一时间可调用的应急队伍、装备、物资、场所等应急资源状况和合作区域内可请求援助的应急资源状况进行调查，为编制应急预案时制定应急响应措施提供依据。此外，还可对本地居民应急资源情况进行调查，充分掌握本地区、本单位应急资源状况。

4.2.1 应急资源的定义

应急资源是应对和处置突发事件所需应急能力的基本要素，包括人力资源、物资资源、装备设施资源、信息资源、财政资源等。广义的应急资源包括防灾、应对、恢复等环节所需要的各种应急保障。《国家突发公共事件总体应急预案》将应急保障分为人力资源、财力保障、物资保障、基本生活保障、医疗卫生保障、交通运输保障、治安维护、人员防护、通信保障、公共设施以及科技支撑等。应急资源既是应急管理的对象，也是应急管理有效开展的基础，同时为整个应急体系正常运转提供动力源。

4.2.2 应急资源调查的目的、原则及内容

1. 调查目的

开展应急资源调查，收集和掌握本地区、本单位第一时间可以调用的应急资源状况，确定进行有效应急响应时所需要应急资源的种类、数量和规格，建立健全辖区和单位应急

资源信息数据库，加强应急资源储备管理，促进应急预案质量和应急能力提升。

2. 调查原则

应急资源调查应遵循客观、专业、可靠的原则。“客观”是指针对已经储备的资源和已经掌握的资源信息进行调查。“专业”是指重点针对突发事件应急时的专用资源进行调查。“可靠”是指调查过程科学、调查结论可信、资源调集可保障。

3. 调查内容

应急资源调查内容主要是指发生突发事件时第一时间可以调用的应急资源情况，包括可以直接使用或可以协调使用的应急资源，并对应急资源的管理、维护、获得方式与保存时限等进行调查。

4.2.3 应急资源分析

应急资源是为应对突发事件而储备和配置的，因此其需求程度与突发事件应对过程的各个阶段密切相关。应急资源是有效应对突发事件的重要基础，在应急管理的各个阶段，无论是事前的预防与准备、事中的处置与救援，还是事后的恢复与重建，都需要大量的应急资源来保障和实现。应急管理通常分为 3 个阶段：应急准备阶段、应急处置与救援阶段以及事后恢复与重建阶段。当然，在应急管理的各个阶段，对应急资源的需求情况不同，发挥的作用也不尽相同。总体而言，在应急准备阶段，软性资源用得较多；在应急处置与救援阶段，硬性资源在软性资源的支撑下发挥主要作用；在灾后恢复与重建阶段，硬性资源发挥作用较大。此外，在应急管理的不同阶段对应急资源的需求具有不同的时间紧迫性，在应急处置与救援阶段，对资源需求的紧迫性是最高的。

1. 应急准备阶段的资源需求

应急准备阶段是指为预防突发事件的发生进行各种工作准备的过程。此阶段的应急资源需求主要是软性资源，包括应急管理体制机制、应急预案以及相应的宣传培训演练等。此外，该阶段也需要一定量的硬性资源协助支撑开展准备工作。此阶段的应急资源主要用于消除潜在的安全风险隐患、降低风险发生的可能性以及加强脆弱性方面的各种措施，例如房屋加固、河堤加固等，这些工作相对来说对物资需求的紧迫性较低，在一定时间内完成即可，而且用完的物资可以随时补充。此阶段应急资源需求的特点是紧迫性一般，不像应急处置过程中对资源的需求分秒必争，而且对资源的需求比较确定，根据可能发生的突发事件进行预防即可。

2. 应急处置与救援阶段的资源需求

应急处置与救援阶段是指突发事件发生后所进行的各种应急处置与救援工作，包括对人员的抢救，对突发事件的控制以及对财产的抢救等。应急处置与救援阶段对各种资源的需求种类和数量是最多的，并且对各类应急物资的需求也是最急迫的①。此阶段的应急资源需求包括硬性资源和软性资源，硬性资源包括人力（应急救援队伍）、物力（食品、衣物、医用物品、救援设备、应急照明设备、应急医疗设施、应急通信设施等）、财力（政府资金、社会捐助资金等）、信息技术（应急调度系统、应急指挥平台）；软性资源包括

---

① 于瑛英. 基于应急管理过程的资源需求分析［J］. 工业安全与环保，2014，40（9）：47－50.

应急管理体制机制和应急预案（有职责明确并且沟通顺畅的应急管理体制、应急资源补偿机制和经过演练的应急预案等）。

3. 事后恢复与重建阶段的资源需求

事后恢复与重建阶段要将突发事件的威胁和危害加以控制，并采取措施使社会状态回到常态。此阶段对资源需求的目的主要是在尽量短的时间内将社会恢复到常态，因此对资源需求的紧迫性没有应急处置与救援阶段那么强。此时对应急资源的需求一方面是人力资源，另一方面是物资和财力。对人力资源的需求包括政府部门以及一些非政府组织，而财力需求的满足与否，对于城市和地区的恢复重建至关重要。此外，需要具有政府组织与非政府组织的协调机制和法律保障等。

4.2.4 以任务定应急资源

近年来，大量突发事件的应对实践表明，我国现有的应急资源保障体系存在较大问题。例如，应急资源的供应与需求之间存在很大矛盾，一方面灾区急需的物资迟迟不能供给，另一方面大量捐赠的生活物资从四面八方涌来，远远超过需求，造成了浪费。因此，亟须建立重大突发事件的应急资源需求情景，构建以需求为基础的应急资源保障体系。

依据情景所制定的应对任务需满足三点要求：一是确保应对任务流程完整，即根据突发事件情景演化和应对流程，实现应急任务全面覆盖，避免遗漏；二是确保应对任务责任明确，即根据情景任务梳理结果，逐项对应对任务及其责任主体进行对照，确保职责清晰；三是确保应对措施的可操作性和现实性，即结合相关部门和单位的实际应急能力，对应对措施的实施条件和过程进行推演，避免超出现实条件，确保具备可操作性。

基于以任务定应急资源的理念，相应任务对应相关任务主体，不同阶段不同主体对应的主要应急任务均不同，根据不同任务主体具备的职能以及任务所需条件，厘清应急资源供求关系，切实合理部署筹划应急资源。

应急资源需求情景的构建是建立在突发事件的基础上，应当首先明确突发事件的类型，然后分析这些突发事件的资源需求特点，并从多个角度探讨资源需求情景，最终筛选出具有代表性的应急资源需求情景①。对于预案中确定的应急资源，通过调余补缺后，应该在预案公布、实施的一定时间内到位，并应在预案中明确由谁来检查落实资源到位情况。

4.3 应急能力评估

作为编制应急预案的关键环节，应急能力评估是指依据风险辨识与风险评估结果，对已有的应急能力进行评估，明确应急救援的需求和不足。应急能力评估主要包括对监测预警系统；应急装备，包括营救设备、通信设备、消防设备、医疗设备、个人防护设备等；应急救援物资情况；应急救援队伍建设情况；保障制度，包括应急设施管理制度、应急救

① 张永领，陈璐．基于情景分析的应急资源保障能力评价模型研究［J］．中国安全科学学报，2014，24（12）：151－157.

援队伍建设与管理制度、仪器设备检查与日常维护制度、经费保障制度、培训制度、演练制度等；外部资源及能力，包括周边地区或政府可以利用的资源、单位所在地政府部门应急资源、周边可以借助的社会应急资源等进行评估。

4.3.1 应急能力的定义

应急能力包括突发事件监测预警能力、突发事件应急处置能力以及事后恢复重建能力等。从掌握并使用应急能力的主体来讲，不仅包括政府、企业、社会组织，也包括家庭和个人。从应急能力建设的内容来看，主要分为软件建设和硬件建设。软件建设主要是指应急管理的体制机制、规章制度、应急意识、应急预案等方面的完善；硬件建设主要是指应急管理的基础设施、应急队伍、物资储备等方面的完善。

4.3.2 政府应急能力评估

根据国内外应急管理的经验和我国国情，我国政府应急能力评估的具体内容包括：灾害监测预警能力、社会控制效能、居民应急响应能力、工程防御能力、灾害事故救援能力、应急保障能力等。

1. 灾害监测预警能力

灾害监测预警能力是指对各种突发事件进行有效的实时监测和迅速准确的预报，为有效减轻灾害损失奠定基础。灾害监测预警能力的内容主要包括：灾害识别（监测预报）与初期评估，如灾害类型、规模、性质、范围、人员伤亡等；灾害预警系统，即利用相关信息网络向公众及时发布灾情的能力。

2. 社会控制效能

社会控制在突发事件应急管理中发挥着社会动员和资源配置的作用，是实现突发事件应急管理目标的关键因素。社会控制效能评估的内容包括：政府应急管理政策的设计与实施情况；针对突发事件应急管理的法律、法规制定与实施的完备程度；突发事件应急管理组织体系的建立及其发挥作用的情况；灾害应急计划的制定与实施情况；突发事件应急预案的制定与实际演练情况；城市防灾减灾规划的设计（防洪标准、防震疏散、救援通道和场地、消防站布局、重要人防设施布局、灾害防护等）；对公众应急知识的宣传、教育、避灾自救的培训、演练以及灾后紧急疏散效果等。

3. 居民应急响应能力

居民应急响应能力评估的内容包括：公众对各种常见灾害事故、次生灾害事故及其他各种灾害事故的了解程度；对有效防范和减轻各种灾害事故损失以及相关知识的了解程度；公民的灾害事故应急准备措施、灾后自救互救能力、志愿者救灾组织的建立；灾后居民行为的社会疏导与组织能力；灾害事故对居民心理伤害的内容、特点及灾后的心理恢复等。

4. 工程防御能力

工程防御是政府突发事件应急管理得以发挥作用的物质基础。其评估内容主要包括：灾害管理中工程防御的整体能力状况；城乡各种建筑物、构筑物的应急能力状况；城市大型防灾减灾工程的灾害应急能力和抵御次生灾害能力的状况；供水、供电、供气、交通、通信等城市生命线工程的易损性及灾害应急能力状况；城市灾害防御工程投入的经济效益评价；城市灾害防御工程中的科技创新、高新技术应用等。

5. 灾害事故救援能力

科学、完备的灾害事故救援体系是政府应急管理能力的重要支撑。其内容包括：灾害事故救援体系的建设及作用发挥状况；政府灾害紧急救援的政策法规制定与执行情况；灾害事故救援中社会力量的动员与资源配置情况；专业救援队伍的组织规模、培训情况、资格认证等；志愿者救灾组织的规模、训练等；灾害救援力量的现场指挥协调能力、技术支持能力、后勤保障能力、医疗救护能力、通信能力等；快速恢复城市生命线工程的能力等。

6. 应急保障能力

全面、充足的应急资源储备是突发事件应急管理工作的基础和重要环节。其内容主要指人力、物力、财力资源的储备。具体包括：志愿者救灾组织的分布情况；专业救援队伍的分布情况；应急储备金的设立与管理：地方救灾物资库的建立以及物资的分类、储存管理、运输、调拨使用、回收情况；救援装备的购置和研发情况；社会财物的捐赠管理等。

4.3.3 企业应急能力评估

企业应急能力评估是在对企业安全生产应急管理现状进行深入研究的基础上，借助科学、合理的评估方法和模型，对企业在应急管理中存在的优势和不足进行定量化的分析，并将评估结果作为反馈信息，用于改善应急管理状况、优化应急预案，进而提高企业应对突发事件的综合能力，达到保护员工生命安全和减少企业经济损失的目的。企业应急能力评估内容一般有应急准备能力、应急预防与预警能力、应急响应能力、应急保障能力、应急恢复能力等①。

1. 应急准备能力

应急准备能力是指针对可能发生的突发事件，企业为迅速、有序地开展应急响应行动而预先进行的组织准备工作。具体包括企业应急管理法律法规、规章制度执行情况、专业应急救援队伍建设情况、应急预案体系完备程度等。

（1）法律法规执行情况。《中华人民共和国突发事件应对法》使得企业应对突发事件有法可依，对于企业提高突发事件应对能力，降低突发事件对企业造成的损失具有重要意义。

（2）企业应急管理规章制度执行情况。根据法律法规和政府部门要求，企业需要建立完善的企业内部应急管理工作规章制度，用以规定企业主要领导的应急权限、主要领导在应急过程中的接替顺序和相关部门负责人在应急过程中的接替顺序等。

（3）专业应急救援队伍建设情况。企业应急指挥中心应掌握本企业专业应急救援队伍名单、队伍规模及其主要装备物资情况以及多种通信联络方式。专业应急救援队伍的规模和装备物资应满足企业应急需要，配备足够的防护器材，有训练和考核制度，有进入应急状态的程序和行动指令。

---

① 张微．火电企业突发事件应急能力评估［D］．北京：华北电力大学，2018.

（4）应急预案体系完备程度。企业突发事件应急预案是企业应对突发事件的原则性方案，应按照《生产经营单位生产安全事故应急预案编制导则》(GB/T 29639—2020）制定本单位突发事件应急预案。应急预案是成功应对处置各类突发事件的基础。企业突发事件应急预案基本内容应全面、完整，具体包括：与其他预案的衔接关系，有关部门的应急职责和任务，与上级公司和政府部门以及当地社会资源的协调联系，重要资源的需求分析、获取、分配和协调，应急功能是否齐全，是否满足企业的应急需求。

2. 应急预防与预警能力

突发事件的应急预防能力是指对企业危险源的监控能力以及对企业员工的日常培训与演练。企业内部各相关部门应做好危险源的辨识及监控，按照预案做好常态下的监测预测，为应急管理工作提供良好的保障。企业员工应根据公司制定的培训方案进行突发事件应急培训，提高应急能力和知识水平；公司应制定演练计划，充分考虑风险评估结果、以往演练中发现的问题和不足、以往应急救援过程中存在的问题和不足，并制定演练评估的程序和方法，对演练中的不足进行总结，并提出改进措施。

突发事件的预警能力是指为了高效应对突发事件，对突发事件征兆进行监测、识别、分析与评估，预测突发事件发生的时间、空间和强度，并依据预测结果在一定范围内发布警报，开展相应的预警行动。明确预警及解除预警的程序和方式，建立预警决策支持系统并确定预警级别、信息确认和发布程序。根据风险评估的结果，对危害程度较大的潜在突发事件向各个利益相关者发出警报，提请注意并提前采取预警措施。信息是贯穿突发事件应急管理全过程的要素，是影响突发事件应急管理的关键性因素。企业突发事件信息是指突发事件发生、发展、消亡过程中产生的反映突发事件状况、性质、特征、程度以及应对突发事件行为的信息。企业要有规范的信息上报和发布工作标准，及时将信息上报当地政府部门和上级公司，建立企业常态信息发布机制。建立“覆盖全面、反应快速、高效互动、趋利避害”的舆情分析监控体系，构建舆情应对引导、新闻预警工作常态机制。

3. 应急响应能力

突发事件的应急处置是应急管理的核心，表现为有效地组织和利用各种资源进行突发事件应急处置与救援工作。突发事件发生后，企业负责人负责组织指挥与决策，并组织相关人员对突发事件产生的影响进行整理和分析。同时，对现场员工进行疏散，做好他们的防护和救护工作，尽可能降低突发事件对社会造成的影响，减少人员伤亡和损失。具体包括指挥和协调能力、人员疏散能力以及现场人员防护和救护能力。

（1）指挥和协调能力。企业突发事件的应急处置与救援工作往往由多个部门共同完成，对应急行动的统一指挥和协调是有效开展应急处置与救援工作的关键。因此，企业是否设立统一指挥、协调和决策程序，是否有效迅速地对突发事件进行初始评级，是否迅速有效地进行应急响应决策，是评估其应急能力是否高效的重要指标。

（2）人员疏散能力。人员疏散是减少人员伤亡扩大的关键，也是最彻底的应急响应。人员疏散能力评估包括：是否对预防性疏散准备、疏散区域、疏散距离、疏散路线、疏散运输工具、安全避难场所以及回迁等作出细致的规定和准备，是否能够落实已实施疏散人群的临时生活安置并保障必要的水、电、食物、卫生等基本条件。

（3）现场人员防护和救护能力。突发事件现场人员的防护和救护能力是突发事件应急及时和有效的重要保障，因此在突发事件应急救援过程中现场人员的防护装置是否足够非常重要，应对突发事件现场人员防护和救护能力是否满足应急救援要求进行评估。

4. 应急保障能力

企业突发事件应急保障体系的建设是实施应急抢险救援的基础，建立应急保障体系，实施全局统一的指挥调度，再加上人力、物力、信息、经费和技术支持等各方面的保障能高效处置企业突发事件。

（1）应急物资保障能力。为保证企业应急响应能力，所有应急设施、设备必须处于完好备用状态，确保具有充足完好的设备和物资供应。当然，由于经费等各种原因，企业不能配备应对所有紧急情况的应急设备，这种情况下有关责任部门应与相关部门或附近机构和企业建立协议，必要时可得到其援助。

（2）应急通信与信息保障能力。确保应急通信畅通，信息传递无阻。企业应将相关电话号码表发到各部门、科室、班组和生产岗位。发生突发事件时，可使用的通信装备应有厂内专用电话、移动电话、对讲机及传真机，设备管理部通信班组应确保厂内专用电话、移动电话等通信装备正常使用，并根据应急指挥部需要随时配置通信装备。运行部、设备管理部要确保对讲机完好，保证传真机正常，一旦应急指挥部总指挥决定启动应急响应，设备管理部通信班组应立即负责保持各应急组织之间高效的通信能力，特别是应急指挥部与现场应急组织和外援单位间的联络，应急指挥部应设立专门的直拨固定电话。

（3）应急资金保障能力。企业所需突发事件应急准备和救援资金，应按规定程序列入年度财政预算。突发事件发生后，需要经费给予应急保障的，由应急指挥部总指挥及时联系财务部门，根据处置突发事件的实际情况，在统筹兼顾各项支出时，优先保证应急经费的支出。紧急情况下，可根据企业领导的指示精神，先采取安排支出或拨付资金等措施，再按程序补办相关手续。突发事件应急保障资金的使用，应接受审计部门（政治工作部）监督、检查。突发事件应急处置结束后，财务部门应及时对突发事件应急保障资金进行清算，对资金使用情况进行绩效评价。

（4）应急技术支持能力。为保证企业突发事件应急工作有效、顺利开展，须有科学技术作支撑。建立企业应急技术支撑体系，开展应急装备研发、应急理论与技术研究，组织开展突发事件预测、预防和应急处置等技术的科学研究，提高处置突发事件的专业技术水平。建立系统内专家、专业人才与专业队伍数据库，实现系统内应急保障资源等信息的联网与共享。

5. 应急恢复能力

突发事件得到有效控制后，应急管理应从以抢险救灾为主的阶段转变为以恢复重建、善后处理、突发事件调查等为主的阶段。建立健全企业突发事件恢复机制，不仅要尽快恢复因突发事件造成的设施毁损、实现生产恢复，还要认真总结突发事件发生的原因，评估突发事件带来的损失，总结经验并完善企业突发事件应急机制，做好突发事件的善后工作，整体提升企业抵御突发事件的水平。

（1）恢复与重建能力。恢复与重建是一项十分艰巨的工作，首先要成立恢复重建组织来领导恢复工作，对突发事件危害程度进行调查并收集相关信息以确定恢复目标，然后制订恢复计划并寻求援助，组织重建。

（2）善后处置能力。要制定突发事件发生后的现场清理和恢复程序，注重突发事件发生后生产经营秩序恢复和人员心理救助。及时慰问在突发事件中受伤的员工。

（3）突发事件调查能力。突发事件调查是在掌握一定的安全科学知识的基础上，依据国家的有关法律法规、方针和政策，综合运用逻辑推理、分析判断、模拟实验等手段调查和分析突发事件，查明人身伤亡和经济损失情况，调查导致突发事件发生的直接原因和间接原因，明确责任，落实相关的安全措施。

（4）总结与评估能力。突发事件应急响应终止后，必须对突发事件的处置过程及经验教训进行总结，并评估突发事件发生前的预防和预警、突发事件发生后的应急处置与救援以及突发事件的控制措施等是否得当。结合实际情况对预案的统一性、科学性、合理性和有效性以及应急救援过程进行评估，根据评估结果对应急预案及应急流程进行修订。

4.3.4 社会应急能力评估

社会应急能力评估主要包括：与政府应急职能互补效果、与政府应急机制互补效果、突破政府应急思维模式局限的效果、资源整合的效果等①。

1. 与政府应急职能互补效果

政府是公共权威部门，在突发事件的应对过程中起核心主导作用，应集中精力进行宏观方面的决策与全方位指导。社会力量作为社会公益性组织，代表了社会中不同团体、不同阶层、不同群体的利益，上联政府下接基层，可以看作是沟通政府与民众的良好渠道，能实现很好的纽带作用。它有着细微化服务的特性，可以到达政府无法顾及的地方，帮助政府解决受灾民众的迫切需求，减轻政府的压力。

在突发事件应对过程中政府更多关注的是绝大多数人的利益，有时会无法满足某些特殊群体的需求，从而可能会忽略这些弱势群体的利益。社会力量可以帮助政府弥补其行为的缺失，帮助弱势群体，提供给他们所必要的物质援助和精神支持，尽可能使全部社会群体的利益都能得到最有效的保障，以实现最大程度上的社会公平。另外，在突发事件应急救助过程中，社会力量能够发挥专业对口的优势，可以在很大程度上缓解危害程度。在后续的恢复重建工作中，社会力量可以积极主动地安抚灾民情绪，对受灾民众进行心理问题疏导，尽快使灾民摆脱突发事件所导致的心理阴影；社会力量还可以参加政府应对突发事件的管理评估工作，能够协助分析突发事件出现的原因，避免相似突发事件再次发生。

2. 与政府应急机制互补效果

突发性、不确定性是突发事件的特点之一，这也就要求应对突发事件的各个应急组织能够迅速行动，做到以最短时间参与到救援行动中去。由于目前我国应急体制还存在许多不足，因此遇到突发事件时，很多时候地方政府习惯性地等待上级的指示、指挥才敢于付诸行动，但是在等待过程中往往会错过应对突发事件的最佳时间窗口，对社会造成更深一层的破坏。

与政府部门相比较，社会力量没有庞大的组织架构，采用的是弹性组织架构，组织机

① 匡曦．社会力量参与四川“4·20”芦山地震救援的案例研究［D］．成都：电子科技大学，2015.

制比较灵活，政治性不高，有独立的判断和决策能力，并且具有较强的适应性，因此在面对突发事件时，能够在突发事件发生的最短时间内作出反应，并且可以根据实际情况灵活地调整应对方法。2013 年芦山 6.1 级地震是一场严重的突发自然灾害，给社会及人民的生命财产都带来了极其严重的损害，但是同时也激发了中国民众的大爱之心。多支社会力量在接到信息之后，快速参与到救援工作中去，得到了社会的普遍肯定。

3. 突破政府应急思维模式局限的效果

政府由于长期受既定思维模式的影响，往往缺乏应对突发事件的创新思维，难以适应新形势下突发事件突发性的这一特点。而与政府部门不同，社会力量的思维逻辑不受传统既定思维模式的约束和干扰，在深度与广度上与政府相比都进步很多，因此社会力量能够提出新的方式方法来应对突发事件。研究型的社会力量或相关领域的专家考虑问题时，善于运用一些创新独特的做法，能够给突发事件应对带来新的方式和方法。智库型的社会力量将会变得越来越重要，这一类型的社会力量可以通过政策研究、提案、建议等方式来推动提升公共政策的进程，为突发事件应对出谋划策。

4. 资源整合的效果

突发事件的应对处置需要调配大量的公共资源，而资源的缺乏始终是应对突发事件的一大棘手难题。政府的资源往往是有限的，而社会力量则可以动员募集到大量社会公益资源来应对突发事件，这部分资源往往是政府无法充分动员的，这样就有效弥补了政府应急资源短缺的问题。在应对突发事件时，社会力量可以通过高效的社会动员对社会资源与力量进行最优化的整合。在突发事件的应对过程中，社会力量通过社会募捐、寻求其他援助等方式，筹集衣物、饮用水、食品、临时帐篷、药品等各类生活必需品第一时间送往受灾区域，帮助受灾群众渡过难关。集体的力量是巨大的，来自全国各地的社会力量通过向受灾地区提供救援资金，提供人力、技术等资源，对受灾地区灾后恢复重建工作会起到相当大的作用。任何一个在社会中存在的组织，都承担着自身的社会角色，并表现出一定的社会价值。社会力量的民间性、专业性、灵活性与资源整合性优势在突发事件应对中能最大限度地发挥出来，这些特性是社会力量能够在应对突发事件时发挥重要作用的先决条件，也确保了社会力量是突发事件应对中的重要组成部分。

4.3.5 居民应急能力评估

居民应急能力评估内容主要包括：居民风险意识、自救互救能力、政策了解程度①。居民风险意识包括：对避难地点和撤退路线的了解程度；与家人讨论应急计划的次数；教育孩子防灾救灾知识的次数；购买应急物资的次数和购买商业保险的次数。自救互救能力包括：自救互救知识储备；自救互救训练，自救互救能力训练通过对居民参加急救培训、应急演练、应急救援队伍活动的频次来衡量。政策了解程度包括：对应急管理法律法规的了解程度，对应急预案的了解程度；对预警机制的了解程度；对政府应急管理职责的了解程度。

---

① 叶丹丹．农村居民突发事件应急能力评估［D］．南京：南京大学，2016.

4.4 确定应急责任组织、责任人职责

明确辖区和单位应对突发事件的应急组织以及组成单位和人员，可以用架构图的形式表示，并明确组成单位和人员的职责。根据灾害事故类型和实际应急工作的需要，应急组织可设置相应的应急处置工作小组，并明确各应急处置工作小组的工作任务及职责。各类突发事件应急响应的职责种类大致相同，一般包括：指挥调度、预警发布与风险沟通、搜寻救援、灾情控制、救死扶伤与灾后防疫、抢险保通、后勤保障、治安维护、灾民安置等。在预案编制时，要将这些职责细化，以便确定不同的责任部门和责任人。

在编制应急预案的过程中，利益相关者广泛参与预案的制订是非常必要的。这是因为：第一，利益相关者参与预案的制订，会使预案更容易为其所接受；第二，在预案制订过程中，利益相关者可以在灾前密切相互联系，这有利于联合开展突发事件发生后的应急处置与救援行动；第三，利益相关者可以熟悉自身在突发事件应对中的角色。

4.4.1 确定应急责任组织职责

应急组织一般由应急救援总指挥以及下设的由各个相关部门或单位组成的各个应急处置工作小组组成。

1. 应急救援总指挥的职能及职责

应急救援总指挥的职能及职责包括：组织会商研判突发事件发生发展情况，确定预警级别；确定响应级别；启动应急响应；指挥、协调预警、响应行动；调整应急响应级别；与其他相关的人员、部门、组织和机构联络；最大限度地保证现场人员和外援人员及相关人员的安全；指挥、协调后勤方面做好相关应急保障工作。

2. 抢险救援组的职能及职责

抢险救援组的职能及职责包括：抢救现场伤员；抢救现场物资；组建现场应急救援队伍；保证现场救援通道畅通。

3. 风险评估组的职能及职责

风险评估组的职能及职责包括：对可能发生的事故现场特点以及生产过程的危险因素进行科学的风险评估；做好安全生产管理部门安全措施落实和监控工作，减少和避免事故发生；完善危险源的风险评估资料信息，为评估工作提供科学的、合理的、准确的依据。

4. 技术处理组的职能及职责

技术处理组的职能及职责包括：应急响应启动后，根据突发事件的特点，及时向应急救援总指挥及各相关应急处置工作小组提供科学的技术方案和技术支持，有效地指导应急救援行动中的技术工作。

5. 善后工作组的职能及职责

善后工作组的职能及职责包括：做好伤亡人员及家属的稳定工作，确保突发事件发生后伤亡人员及家属思想稳定，大灾之后不发生大乱；做好受伤人员医疗救护的跟踪工作，协调处理医疗救护单位的相关矛盾；与保险部门一起做好伤亡人员及财产损失的理赔工作；慰问有关伤员及家属。

6. 事故调查组的职能及职责

事故调查组的职能及职责包括：保护事故现场；对现场的有关实物资料进行取样封存；调查了解突发事件发生的主要原因及相关人员的责任；对相关人员进行处罚、教育、总结。

7. 后勤供应组的职能及职责

后勤供应组的职能及职责包括：协助制订突发事件现场应急救援物资储备计划，按已制订的物资储备计划，检查、监督、落实应急物资的质量及储备数量，做好统计并归档；定期检查、监督、落实应急物资管理人员的到位和变更情况，及时更新应急物资，并保证其达标；应急响应启动后，按应急救援总指挥的部署，有效地调配应急物资到达突发事件现场，及时对突发事件现场进行增援，并提供其他各种后勤服务。

8. 医疗救援组的职能及职责

医疗救援组的职能及职责包括：组织、指挥医务人员对伤者进行初步治疗与抢救，并协助医疗救援单位工作；与本单位负责人及后勤组取得联系，协助处理相关工作。

4.4.2 确定应急责任人职责

1. 领导应急救援职责

领导应急救援职责包括：高度重视应急救援工作，有良好的应急意识和强烈的社会责任感，牢固树立人民至上、生命至上的安全意识；依法组织制定应急预案；依法建立应急救援指挥组织及专业应急救援队伍；掌握应急救援的流程、资源的分布、重大危险源的分布；根据各类突发事件的应急救援需要，保障应急救援装备、物资的配备到位：保障应急预案编制、应急培训、预案演练及应急救援过程中的各种资金及时到位；顾全大局，在应急救援行动中，对内、外部应急救援力量的协调使用给予支持；具备过硬的组织指挥能力。

2. 应急指挥人员职责

应急指挥人员职责包括：负责应急预案的实施工作；认真学习，熟练掌握应急救援指挥程序；了解相关应急救援对象的现场情况；根据事态发展，熟练调配应急救援力量，对意外情况，能科学应变，灵活处置，正确救援；与专家组沟通，认真听取专家的意见，修正完善指挥决策；寻求外部力量支援；负责信息的及时发布，对公开发布的信息进行事先确认；指挥应急救援演练；在演练与实战之后，及时对应急预案存在的问题提出改进意见与建议。

3. 应急职能部门的职责

应急职能部门一般包括发展改革、应急管理、消防救援、公安、民政、卫生健康、自然资源、生态环境、气象、交通运输、城管、住建、电力、通信、新闻媒体、红十字会、地方驻军和武警等部门。应急职能部门职责包括：编制相关应急预案；协同执行应急预案；评审改进应急预案；开展应急意识、知识与技能的培训；应急救援装备、物资、设施的选择、使用与维护；具体组织策划应急预案演练；应急预案演练评估与改进；及时反馈相关信息至指挥人员。要确保预案中规定的所有职责没有遗漏，所有部门都明确职责与任务；同时，要注意职责下的任务不能重叠。

4. 专业应急救援队伍的职责

专业应急救援队伍的职责包括：了解综合应急预案；熟悉专项应急预案、现场处置方案；熟悉应急处置具体所承担工作的操作要领；熟练使用应急救援装备，定时检查维护应急救援装备；接受应急意识、知识与技能的培训；进行应急预案演练，具备良好的应急处置技能；勇敢、果断、正确地进行应急救援实战，对现场突发情况能灵活处置，特别是不仅要有勇气，还要讲科学，例如对于即将发生爆炸的油罐，不能“勇敢”得继续灭火，而应采取应急措施后及时逃生，避免造成重大人员伤亡；在演练、实战中，按要求佩戴个体防护装备，保证自身安全。

5. 现场应急救援人员的职责

现场应急救援人员的职责包括：接受应急专题培训，掌握风险识别基本要求；了解应急预案；发现险情、事故及时上报；熟悉突发事件应急处置具体操作要领；熟练使用应急救援装备；定时检查维护应急救援装备；参与应急预案演练与实战；具备熟练的自救和互救技能；在演练、实战中按要求佩戴个体防护装备，保证自身安全。

4.5 确定响应程序、行动和应急处置措施

人们通常将突发事件的后果归结为三个方面：人员伤亡、财产损失和环境破坏。因此，在设计响应程序和响应行动时，应以最大限度保护生命、财产和环境为目标。应急救援的优先权排序一般为：抢救生命、防止伤亡、保护财产和环境。此外，要对预警和疏散撤离环节给予高度重视。预警是做好应对灾害准备、避免伤亡的直接前提，对气象灾害等能够预警的灾害要设计周密可靠的预警行动，力争做到完全避免伤亡；对难以预警的突发事件要设计必要的监测监控措施，将警情与疏散撤离等保护措施联动起来，最大限度避免或减少伤亡。

4.5.1 确定响应程序

确定突发事件的响应程序，需要对该突发事件的发生和演化机理有深刻的了解和认识。首先在参考各类突发事件的一般响应程序的基础上设计响应程序，并收集一定量的同类突发事件案例，仔细分析研究其发生发展的规律，探讨和学习应对的经验教训，特别是涉及人身伤亡和重大损失的原因。同时，结合本地区的环境、人文、经济、灾害应对手段等，设计出尽可能科学适用的响应程序。

一般应急响应程序可明确地划分为应急准备、先期处置、扩大应急和应急恢复四个阶段，应急预案中规定的各类应急响应行动都应按这四个层面分类和展开。应急准备是指突发事件没有发生，针对可能发生的突发事件提前作出预警以及各项准备工作，如组织机构和职责、应急资源等。一般来说，先期处置主要针对的是有一个相对长的发展过程或超出辖区/单位处置能力的突发事件，如破坏性地震、危险化学品泄漏等。先期处置是指从预警到响应的最初阶段，是辖区/单位开展应急处置与救援工作的最佳时期。这一阶段是应急预案编制的重点，大部分的突发事件应在这一阶段得以控制，或争取到最宝贵的时间等待救援。如果险情不断扩大，已经超出了辖区/单位救援的能力和范围，则进入扩大应急

阶段。这一阶段是辖区/单位以及其他应急救援力量联合救援的阶段。应急恢复主要是指评估突发事件后果，清理现场，恢复现场等。

一个部门在不同阶段所承担的应急响应行动有所区别。例如，财务部门在应急准备阶段主要是对应急响应行动策划过程资金的预算；应急处置阶段则主要是对现场救援的及时支持，如紧急状态时防护用品缺乏，紧急提供资金购买防护用品；撤离现场时对重要票据和资料进行专人保管；应急恢复时的赔付工作和恢复生产时的资金准备工作等。

4.5.2 确定响应行动

应急响应行动包括应急救援过程中需要明确并实施的核心功能和任务，尽管这些核心功能具有一定的独立性，但不是孤立的，它们构成了应急响应的有机整体。应急响应行动的核心功能和任务包括：接警与通知，指挥与控制，警报和紧急公告，通信，事态监测与评估，警戒与治安，人员疏散与安置，医疗与卫生，公共关系，应急人员安全，消防和抢险，泄漏物控制等。

1. 接警与通知

准确了解突发事件的性质和规模等信息是决定启动应急响应、开展应急救援工作的关键，接警作为应急响应的第一步，必须对接警要求作出明确规定，保证迅速、准确地向报警人员询问突发事件现场的重要信息。接警人员接到报警后，应按预先确定的通报程序，迅速向有关应急组织机构、政府及上级部门发出突发事件通知，以采取相应的行动。

2. 指挥与控制

突发事件的应急救援往往涉及多个救援机构，因此，对应急行动的统一指挥和协调是有效开展应急救援的关键。建立统一的应急指挥、协调和决策程序，便于对突发事件进行初始评估，确认紧急状态，从而迅速有效地进行应急响应决策，建立现场工作区域，确定重点保护区域和应急行动的优先原则，指挥和协调现场各应急救援队伍开展救援行动，合理高效地调配和使用应急资源等。

3. 警报和紧急公告

当突发事件可能影响到周边地区，对周边地区的公众可能造成威胁时，应及时启动警报系统，向公众发出警报，同时通过各种途径向公众发出紧急公告，告知突发事件性质、对健康的影响、自我保护措施、注意事项等，以保证公众能够及时作出自我防护。决定实施疏散时，应通过紧急公告确保公众了解疏散的有关信息，如疏散时间、路线、随身携带物、交通工具及目的地等。

4. 通信

通信是应急指挥、协调和与外界联系的重要保障，在现场指挥部、应急指挥中心、各应急救援组织、新闻媒体、医院、政府和外部救援机构之间，必须建立完善的应急通信网络。在应急救援过程中应始终保持通信网络畅通，并设立备用通信系统。

5. 事态监测与评估

在应急救援过程中必须对突发事件的发展态势及影响及时进行动态监测，建立对突发事件现场及场外的监测和评估程序。事态监测在应急救援中起非常重要的决策支持作用，其结果不仅是控制突发事件现场，制定消防、抢险措施的重要决策依据，也是划分现场工作区域、保障现场应急救援人员安全、实施公众保护措施的重要依据。即使在现场恢复阶段，也应当对现场和环境进行监测。

6. 警戒与治安

为保障现场应急救援工作顺利开展，在灾害事故现场周围建立警戒区域，实施交通管制，维护现场治安秩序是十分必要的。这样可以防止与救援无关的人员进入突发事件现场，从而保障应急救援队伍、物资运输和人群疏散等的交通畅通，并避免发生不必要的伤亡。

7. 人群疏散与安置

人群疏散是减少人员伤亡扩大的关键，应当对疏散的紧急情况、预防性疏散准备、疏散区域、疏散距离、疏散路线、疏散运输工具、安全避难场所以及回迁等作出细致的规定和准备，应考虑疏散人群的数量、所需要的时间、风向等环境变化以及老弱病残等特殊人群的疏散等问题。对已实施临时疏散的人群，要做好临时生活安置，保障必要的水、电、卫生等基本条件。

8. 医疗与卫生

为减少灾害事故现场的人员伤亡，医护人员应对受伤人员采取及时、有效的现场急救，并合理转送医院进行治疗。医疗人员必须了解掌握对危险化学品受伤人员进行正确消毒和治疗的方法等各种专业医疗救护技能。

9. 公共关系

突发事件发生后，不可避免地会引起新闻媒体和公众的关注。应将有关突发事件的信息、影响、救援工作的进展等情况及时向媒体和公众公布，以消除公众的恐慌心理，避免公众的猜疑和不满。应保证突发事件情况和救援信息的统一发布，明确突发事件应急救援过程中对媒体和公众的发言人与信息批准、发布的程序，避免信息的不一致性。同时，还应处理好公众的有关咨询，接待和安抚受害者家属等工作。

10. 应急人员安全

重大突发事件尤其是涉及危险物质的重大突发事件的应急救援工作危险性极大，必须对应急人员自身的安全问题进行周密的考虑，包括安全预防措施、个体防护设备、现场安全监测等，明确紧急撤离应急人员的条件和程序，保证应急人员免受突发事件的伤害。

11. 消防和抢险

消防和抢险是应急救援工作的核心内容之一，其目的是尽快控制突发事件的发展，防止灾害事故蔓延和进一步扩大，从而最终控制突发事件，并积极营救灾害事故现场的受害人员。尤其是涉及危险物质的泄漏、火灾事故，其消防和抢险工作的难度和危险性较大，应对消防和抢险的器材和物资、人员的培训、方法和策略以及现场指挥等做好周密的安排和准备。

12. 泄漏物控制

危险物质的泄漏以及溶解了有毒蒸气的灭火用水，都可能对环境造成重大影响，同时也会给现场救援工作带来更大的危险。因此，必须对危险物质的泄漏进行控制，包括对泄漏物的围堵、收容和清消，并妥善处置。

4.5.3 确定应急处置措施

自然灾害、事故灾难或者公共卫生事件发生后，履行统一领导职责的人民政府应采取下列一项或者多项应急处置措施。

（1）组织营救和救治受害人员，疏散、撤离并妥善安置受到威胁的人员以及采取其他救助措施。

（2）迅速控制危险源，标明危险区域，封锁危险场所，划定警戒区，实行交通管制以及其他控制措施。

（3）立即抢修被损坏的交通、通信、供水、排水、供电、供气、供热等公共设施，向受到危害的人员提供避难场所和生活必需品，实施医疗救护和卫生防疫以及其他保障措施。

（4）禁止或者限制使用有关设备、设施，关闭或者限制使用有关场所，终止人员密集的活动或者可能导致危害扩大的生产经营活动以及采取其他保护措施。

（5）启用本级人民政府设置的财政预备费和储备的应急救援物资，必要时调用其他急需物资、设备、设施、工具。

（6）组织公民参加应急处置与救援工作，要求具有特定专长的人员提供服务。

（7）保障食品、饮用水、燃料等基本生活必需品的供应。

（8）依法从严惩处囤积居奇、哄抬物价、制假售假等扰乱市场秩序的行为，稳定市场价格，维护市场秩序。

（9）依法从严惩处哄抢财物、干扰破坏应急处置工作等扰乱社会秩序的行为，维护社会治安。

（10）采取防止发生次生、衍生事件的必要措施。

4.6 形成预案文本

应急预案文本需要根据上述五部分的内容来进行编写。预案的使用者包括两类：一是需要一般了解预案者；二是需要实施预案者。所有的预案都应该能向预案使用者说明风险的概况，阐释相关部门的责任及其相互关系，还要清晰地阐明预案编制的目的，描述预案相关的制度安排。同时，在编写预案文本时，要注意以下技术性要求和便利性要求。

4.6.1 预案文本要求

预案文本要求包括技术性要求和便利性要求两个方面。

1. 技术性要求

（1）预案各章节的基本要素完整，不能出现内容缺失。

（2）保证应急预案每个章节及其组成部分在内容上的相互衔接，避免内容出现明显的位置不当。所有需要的附件完整无缺。

（3）要特别检查无主语句子，避免相关任务主体缺失，责任不明。

（4）重要的内容要列清单，操作性的内容要以图、表的方式说明。

2. 便利性要求

(1) 合理性。根据应急预案的标准格式，合理地组织预案的章节，以便每个读者都能快速地找到各自所需要的信息，避免从一堆不相关的信息中去查找。

(2) 一致性。保证应急预案的每个部分都采用相似的逻辑结构。

(3) 兼容性。应急预案应尽量采用与上级机构一致的格式，以便各级应急预案能更好地协调和对应。

4.6.2 预案文本内容

应急预案一般由总则、组织指挥体系及职责、应急准备、监测预报预警、应急响应、抢险救援、信息报送及发布、善后工作、预案管理等几大块组成，每个大块又包括若干个部分。

以某地防汛应急预案为例进行说明：

(1) 总则。总则包括指导思想、编制依据、适用范围、工作原则四个部分，此部分内容阐述了预案编制的指导思想，依据的法律法规、规章、标准、上位预案，以及预案适用的范围和工作原则。

(2) 组织指挥体系及职责。组织指挥体系及职责包括领导、统一指挥应对洪涝灾害的组织指挥机构（防汛抗旱指挥部）以及指挥部组成，由指挥长、常务副指挥长、副指挥长，指挥部办公室，工作专班，专家指导组，前方指导组、分指挥部以及指挥部成员组成。

(3) 应急准备。应急准备包括组织准备、工程准备、隐患排查治理准备、预案准备、队伍准备、物资装备准备、避险转移安置准备、救灾救助准备、技术准备以及宣传培训演练，明确了洪涝灾害来临前应做的各项应急准备工作。

(4) 监测预报预警。监测预报预警包括气象监测预报预警、水文监测预报预警、地质灾害监测预报预警、城市内涝监测预报预警、乡村渍涝监测预报预警、蓄滞洪区监测预报预警，以及预警行动、通报，预警响应衔接。

(5) 应急响应。应急响应部分按照洪涝灾害严重程度和影响范围，将防汛应急响应级别由低到高划分为四级、三级、二级、一级，明确了启动应急响应时应采取的应急响应行动，并对安全防护和医疗救护、社会力量动员作出了要求，明确了应急响应变更和终止的条件。

(6) 抢险救援。抢险救援部分包括水利工程出险，山洪、地质灾害，城市严重内涝，人员受困，重要基础设施受损，大规模人员转移避险，大规模人员滞留，明确了抢险救援的程序和具体的应急处置措施。

(7) 信息报送及发布。信息报送及发布明确了信息报送的时限、内容以及信息发布的各项要求。

(8) 善后工作。善后工作包括善后处置、调查评估、恢复重建，明确了后期处置工作的相关要求。

(9) 预案管理。预案管理包括预案编制修订、预案解释、预案实施时间，明确了预案编制修订的条件，预案的实施时间等。

【本章重点】

1. 应急预案编制过程通常包括风险辨识评估，应急资源调查，应急能力评估，确定应急责任组织和责任人，确定响应程序、行动和处置措施，形成预案文本等。

2. 风险辨识评估的目的是确定辖区或单位存在哪些突发事件风险，按照风险发生的可能性和风险影响的对象、范围以及造成的严重程度，从而决定制定哪些应急预案。

3. 应急资源调查的内容主要是指发生突发事件时，第一时间可以调用的应急资源情况，包括可以直接使用或可以协调使用的应急资源，并对应急资源的管理、维护、获得方式与保存时限等进行调查。

4. 企业应急能力评估的内容一般包括应急准备能力、应急预防与预警能力、应急响应能力、应急保障能力、应急恢复能力等。

5. 应急响应行动的核心功能和任务包括：接警与通知，指挥与控制，警报和紧急公告，人员疏散与安置，通信，事态监测与评估，警戒与治安，医疗与卫生，公共关系，应急人员安全，消防和抢险等。

【本章习题】

1. 简述应急预案编制的步骤。
2. 简述风险辨识评估的主要内容。
3. 简述应急资源调查的主要内容。
4. 简述政府、企业、社会、居民应急能力评估的主要内容。
5. 简述响应程序如何确定。
6. 简述应急预案文本的编制要求。

5 应急预案管理

应急预案管理是指预案公布之后，对预案进行不断地修改和维护，确保预案适用于不断变化的应急管理形势的过程，这个过程是动态的、持续的。应急预案管理主要包括应急预案的评估与修订，应急预案的评审、公布与备案，以及应急预案发布后的宣传与培训等方面内容。

案例导入

2005 年 8 月 23 日，“卡特里娜”飓风在巴哈马群岛外海形成热带风暴，在随后的 7 天里，热带风暴发展成强飓风，首先在佛罗里达登陆，随后扫过墨西哥湾的密西西比、路易斯安那和阿拉巴马等州，造成了巨大破坏和人员伤亡。“卡特里娜”飓风严重破坏建筑物，引发的洪水淹没了新奥尔良市，造成 1300 多人死亡，“卡特里娜”飓风成为美国历史上最具破坏性的自然灾害①。

其实，在“卡特里娜”飓风到来之前，为了应对飓风，新奥尔良市政府编制了应急预案，并且在 2004 年 7 月 19 日—23 日举行了代号为“Pam”的抗飓风演练。演练规模庞大，动用各种车辆和机械上千台，参演人员数万人。演练结果表明，按照当时的应急预案，在设计的 13 级飓风到来时，新奥尔良全城撤离困难，飓风到达前只能撤离 1/3 的居民，将可能造成 100 年来前所未有的伤亡；25 万孩子失去学校，死亡人数为 61290 人，受伤人数为 187862 人，生病人数为 196395 人，50 万人无家可归。演练之后，对于应急救援与处置过程中暴露出的问题，由于美国政府忙于伊拉克战争，没有给予新奥尔良市应有的财力支持以改进防御水平和应对能力。2005 年 7 月 29 日，中心最大风力达 15 级的“卡特里娜”飓风横扫新奥尔良市。但由于新奥尔良市未能及时对预案进行修订、改进，应急能力未能得到有效提升，从而造成了巨大的人员伤亡和财产损失。

应急预案编制完成后，预案编制单位要及时根据演练结果以及预案中其他条件的

---

① 卡特里娜飓风的调查报告——联邦政府对卡特里娜飓风的响应：经验与教训（节选）[J]. 中国减灾，2021（17）：3.

变化情况对预案进行修订，不断对预案中暴露出的问题进行改进，以保证应急预案的持续动态更新。

5.1 应急预案评估

应急预案是根据突发事件一般特点和经验教训事前编制的，内容一般包括编制目的、编制依据、适用范围、工作原则、组织指挥体系及职责、监测、预警、应急响应、善后处置、应急保障等。应急预案的编制带有主观性，与事实可能存在差距，因此需要定期对预案进行评估、作出修订，使之更加完善，符合实际工作要求。而且应急预案的优劣关系到突发事件的处理效果，要判断应急预案的优劣则需要对应急预案进行评估，也就是对应急预案内容的适用性进行分析评估。

《生产安全事故应急预案管理办法》第三十五条规定：应急预案编制单位应当建立应急预案定期评估制度，对预案内容的针对性和实用性进行分析，并对应急预案是否需要修订作出结论。矿山、金属冶炼、建筑施工企业和易燃易爆物品、危险化学品等危险物品的生产、经营、储存、运输企业、使用危险化学品达到国家规定数量的化工企业、烟花爆竹生产、批发经营企业和中型规模以上的其他生产经营单位，应当每三年进行一次应急预案评估。应急预案评估可以邀请相关专业机构或者有关专家、有实际应急救援工作经验的人员参加，必要时委托第三方专业机构组织实施。

5.1.1 评估目的

突发事件应急预案的评估不仅仅是对应急预案所描述的内容结构本身的评估，而且还对预案所针对的突发事件的情景进行详细分析，对自身的应对处理能力、应急准备等方面进行评估，综合以上评估结果，来最终完善应急预案。这样做不仅可以让应急预案得到有效修订，还可以通过评估来检验自己的应急处置能力，从而加强培训引导，提高应急准备能力。因此，突发事件应急预案的评估目的主要是提高政府和社会群众的应急准备能力、提高应急预案的实效性，完善应急预案的体制结构，使其能够成为应对突发事件的指导性方案。

5.1.2 评估依据

1. 国家和地方出台的有关灾害事故和应急预案的法律法规

如《中华人民共和国突发事件应对法》《中华人民共和国安全生产法》《国务院办公厅关于印发突发事件应急预案管理办法的通知》等。通过列举相关法律、法规条款中对应急预案的规定，根据规定的内容，对照预案的内容、结构，发现问题。由于该标准是原则性标准，任何预案的设定都是要符合法律法规的要求，按照国家规定的方针政策进行编写，所以以此作为对照评估的一种标准，体现预案的符合性。

2. 上位应急预案

主要指国家层面、上级部门等颁发的一些突发事件应急预案，如《国家自然灾害救助应急预案》《国家处置电网大面积停电事件应急预案》等。依据上位应急预案中的内容结构设置、任务设置等对照所需评估的预案，发现问题。其他地方级的相关应急预案的设置需按照国家或上级预案编制的结构模式进行编写，在内容结构、任务设置等方面需与国家级预案保持衔接性，有助于预案之间的联动。所以以此方面作为一个评估标准，体现预案的完整性。

3. 预案的相关研究成果

预案相关研究成果主要包括预案演练评估，预案主体的安全评价报告等。如演练评估结论主要是预案经过演练的压力测试后反映出来的一些问题总结，演练是对预案可行性的最好检验方式。预案中设定需要对预案开展定期的演练工作，在演练中会产生一些问题，如应急指挥不当、各个部门不知如何采取行动、应急处置措施不恰当等，安全评价工作有助于使评估人员更好地了解预案涉及的主体，对其风险分析、风险预测等工作有着非常好的依据，并且在灾害事故发生后，如何进行救援，如何设置救援任务等方面均有一定的指导工作。如北京“7・21”特大暴雨事件，该预案未进行过相关演练，在事故发生时，市领导在处置工作方面没有经验，造成救援工作开展缓慢，耽误了救援时间。所以应以演练评估结论、安全评价报告等相关研究成果作为评估标准，体现预案的可行性。

4. 案例分析

依据案例分析推理法，对相似的案例进行详尽的分析，包括从灾害事故的发生到处置结束整个过程中预案发挥的作用及其没有发挥作用的地方，找出预案中存在的不足。如“12・31”外滩陈毅广场拥挤踩踏事件中存在预警方面的问题，预案中对预警响应方面的描述过于简单，对如何启动应急响应的条件也没有明确，导致整个应急预案处于瘫痪状态，造成事故发生；山东省青岛市“11・22”中石化东黄输油管道泄漏爆炸特别重大事故中在信息通报方面存在严重的问题，而预案中对信息传达没有相应的规定，最终造成事故形势扩大，灾难发生。所以以此作为评估标准，体现预案的可接受性。

5.1.3 评估内容

1. 应急预案管理要求

法律、法规、标准、规范性文件及上位预案是否对应急预案作出新规定和要求，主要包括应急组织机构及其职责、应急预案体系、事故风险描述、应急响应及保障措施等。

2. 应急组织机构及职责

主要包括：①组织体系是否发生变化；②应急处置关键岗位应急职责是否调整；③重点部门应急职责与分工是否重新划分；④应急组织机构或人员对应急职责是否存在疑义；⑤应急机构设置与职责能否满足实际需要。

3. 灾害事故风险

主要包括：①事故灾害风险分析是否全面客观；②风险等级确定是否合理；③是否有新增事故风险；④风险防范措施和控制措施能否满足实际需要；⑤依据风险评估提出的应急资源需求是否科学。

4. 应急资源

对于本地区内的应急资源和合作区域内可请求援助的应急资源调查是否全面，与风险评估得出的实际需求是否匹配；现有的应急资源的数量、种类、功能、用途是否发生重大变化。

5. 应急预案衔接

编制的各类应急预案之间是否相互衔接，是否与上级政府或部门应急预案相衔接，是否对信息报告、响应分级、指挥权移交作出合理规定。

6. 实时反馈

在应急演练、应急处置、监督检查、体系审核及投诉举报中，是否发现应急预案存在组织机构、应急响应程序、应急处置方面的问题。

7. 其他

其他可能对应急预案内容的适用性产生影响的因素。

5.1.4 评估方法

目前我国突发事件应急预案的评估工作还没有统一的标准界定，学术界对于预案评估的模式也各不相同，国内预案评估工作开展缓慢。随着我国对应急预案的关注程度不断提高，政府和社会群众也发现了预案中存在的一些实效性问题，亟须对应急预案开展评估工作。国内学者有的借鉴国外前沿的评估理念，有的创新自己的评估方法，这些对推进我国应急预案评估方法的发展和应急体系的建设均有一定的帮助。综合来看，国内学者常用的评估方法可分为定性评估和定量评估，定性评估主要是对预案本身的内容和结构设定的评估；定量评估主要是对预案设定的某些指标进行分级计算的评估。具体的方法有综合评分法、模糊综合评价法、层次分析法、故障树分析法、责任矩阵分析法等。

1. 定性评估方法

对于定性评估，重点是要对预案的内容和结构进行评估，所以对于评估的依据和内容有着严格要求，依据的充分直接影响评估的全面性，内容的针对性直接影响评估的科学性。目前国内的应急预案评估研究多为模板式评估，评估的依据主要是国家出台的相关法律法规，评估的内容也只是预案的表面内容，无法真正分析应急预案对于突发事件主体和次生衍生工作的影响。定性评估方法应用较多的是责任矩阵法，以表格矩阵的形式明确每个人的具体工作和负责范围，有助于统一管理和指挥。在矩阵图里，每个工作人员都可以清楚地了解属于自己的责任和与自己相关的间接工作有哪些，有利于项目工作的开展，并且在完成任务后还可以对每个人的工作进行分析统计，有利于工作人员的再分配和管理。但是该方法对于预案评估分析只能分析某一部分，且对预案整体分析和结构分析没有涉及。

2. 定量评估方法

定量评估方法有很多，应用较多的集中评估方法有两种。

（1）综合评分法。综合评分法是对应急预案各个部分制定不同的打分指标，评估人员依据预案中各个内容的情况对比指标打分的要求逐一打分。该方法以定量为主，定性与定量相结合，首先定性地制定打分的指标和评分要求，通过评估者的个人经验和查阅相关资料，对预案各个内容指标进行打分，最终填入表格汇总。综合评分法的运用是建立在评估指标体系的基础上，其优点在于方法开展简单方便，建立适当的评价指标即可进行分析，缺点是缺乏一定的科学性，指标建立的合理性决定了分析结果的准确性，适用于简单、单一的内容评估。

（2）层次分析法。层次分析法是决策分析的一种方法，适用于目标决策类别多、判断的标准多、决策的影响因素多等复杂的主体。层次分析法的重要特点是能够将两个要素进行权重比较，区分两者之间的重要程度。该方法的基本步骤有建立层次结构模型、构造判断矩阵、计算指标权重，最终计算出哪个指标更加重要，并以此作为决策依据。层次分析法对于指标要素分析模糊，不确定性因素较多的工作有一定的帮助，但是该方法存在的主要问题是权重的划分，若划分不合理则会导致整个方法运用的不科学性，最终导致分析结果存在较大误差。

5.1.5 评估程序

1. 制定评估方案

结合本单位部门职能和分工，成立以单位相关负责人为组长，单位相关部门人员参加的应急预案评估组，明确工作职责和任务分工，制定评估方案。在方案中确定评估目的，评估工作的原则、重点、方法、时间等评估内容，并在实施中根据需要进行调整。预案编制单位可以邀请相关专业机构的人员或者有关专家参加应急预案评估，必要时委托第三方服务机构实施。

2. 收集资料并分析

评估组应确定需评估的应急预案，根据评估依据的内容，收集相关资料并进行分析，明确以下情况：

（1）法律法规、标准、规范性文件及上位预案中有关规定的变化情况。

（2）应急指挥机构和成员单位（部门）及其职责调整情况。

（3）面临的事故风险变化情况。

（4）重要应急资源变化情况。

（5）应急救援力量变化情况。

（6）预案中的其他重要信息变化情况。

（7）应急演练和事故应急处置中发现的问题。

（8）其他情况。

3. 实施评估

应急预案评估可以采用资料分析、现场审核、推演论证、人员访谈等方式。

（1）资料分析。针对评估目的和评估内容，查阅法律法规、标准规范、应急预案、风险评估方面的相关文件资料，梳理有关规定、要求及证据材料，初步分析应急预案存在的问题。

（2）现场审核。依据资料分析的情况，通过现场实地查看的方式，准确掌握并验证应急资源、应急救援力量等方面的情况。

（3）推演论证。根据需要，采取桌面推演、实战演练的形式，对机构设置、职责分工、预警机制、响应机制、信息报告等方面的问题进行推演验证。

（4）人员访谈。采取抽样访谈或座谈会研讨的方式，向有关人员收集信息、了解情况、考核能力、验证问题、沟通交流、听取建议、进一步论证有关问题情况。

表5－1为《生产经营单位生产安全事故应急预案评估指南》（AQ/T 9011—2019）中所附的生产安全事故应急预案评估表。

表5－1　生产安全事故应急预案评估表

评估要素	评估内容	评估方法	评估结果
应急预案管理要求	梳理《中华人民共和国突发事件应对法》《中华人民共和国安全生产法》《生产安全事故应急条例》等法律法规中有关新规定和要求，对照评估应急预案中的不符合项	资料分析	是否有不符合项，列出不符合项
	梳理国家标准、行业标准及地方标准中有关新规定和要求，对照评估应急预案中的不符合项	资料分析	是否有不符合项，列出不符合项
	梳理规范性文件中有关新规定和要求，对照评估应急预案中的不符合项	资料分析	是否有不符合项，列出不符合项
	梳理上位预案中有关新规定和要求，对照评估应急预案中的不符合项	资料分析	是否有不符合项，列出不符合项
组织机构与职责	查阅生产经营单位机构设置、部门职能调整、应急处置关键岗位职责划分方面的文件资料，初步分析本单位应急预案中应急组织机构设置及职责是否合适、是否需要调整	资料分析	根据文件资料，判断组织机构是否合适，列出不合适部分
	抽样访谈，了解掌握生产经营单位本级、基层单位办公室、生产、安全及其他业务部门有关人员对本部门、本岗位的应急工作职责的意见建议	人员访谈	列出相关人员的建议
	依据资料分析和抽样访谈情况，结合应急预案中应急组织机构及职责，召集有关职能部门代表，就重要职能进行推演论证，评估值班值守、调度指挥、应急协调、信息上报、舆论沟通、善后恢复的职责划分是否清晰，关键岗位职责是否明确，应急组织机构设置及职能分配与业务是否匹配	推演论证	职责划分是否清晰，岗位职责是否明确，机构设置及职能分配与业务是否匹配，列出不符合项
主要事故风险	查阅生产经营单位风险评估报告，对照生产运行和工艺设备方面的有关文件资料，初步分析本单位面临的主要事故风险类型及风险等级划分情况	资料分析	根据相关资料得出本单位面临的主要事故风险类型及风险等级划分情况
	根据资料分析情况，前往重点基层单位、重点场所、重点部位查看验证	现场审核	现场查看风险情况
	座谈研讨，就资料分析和现场查证情况，与办公室、生产、安全及相关业务部门以及基层单位人员代表沟通交流，评估本单位事故风险辨识是否准确、类型是否合理、等级确定是否科学、防范和控制措施能否满足实际需要，并结合风险情况提出应急资源需求	人员访谈	事故风险辨识是否准确、类型是否合理、等级确定是否科学、防范和控制措施能否满足实际需要，列出不符合项

表5-1(续)

评估要素	评估内容	评估方法	评估结果
应急资源	查阅生产经营单位应急资源调查报告，对照应急资源清单、管理制度及有关文件资料，初步分析本单位及合作区域的应急资源状况	资料分析	根据相关资料得出本单位及合作区域的应急资源状况
	根据资料分析情况，前往本单位及合作单位的物资储备库、重点场所，查看验证应急资源的实际储备、管理、维护情况，推演验证应急资源运输的路程路线及时长	现场审核、推演论证	应急资源的实际情况与预案情况是否相符，列出不符合项
	座谈研讨，就资料分析和现场查证情况，结合风险评估得出的应急资源需求，与办公室、生产、安全及相关业务部门以及基层单位人员沟通交流，评估本单位及合作区域内现有应急资源的数量、种类、功能、用途是否发生重大变化，外部应急资源的协调机制、响应时间能否满足实际需求	人员访谈	应急资源是否发生变化，外部应急资源的协调机制、响应时间能否满足实际需求，列出不符合项
应急预案衔接	查阅上下级单位、有关政府部门、救援队伍及周边单位的相关应急预案，梳理分析在信息报告、响应分级、指挥权移交及警戒疏散工作方面的衔接要求，对照评估应急预案中的不符合项	资料分析	是否有不符合项，列出不符合项
	座谈研讨，就资料分析情况，与办公室、生产、安全及相关业务部门、基层单位、周边单位人员沟通交流，评估应急预案在内外部上下衔接中的问题	人员访谈	是否有问题，列出预案衔接中的问题
实施反馈	查阅生产经营单位应急演练评估报告、应急处置总结报告、监督检查、体系审核及投诉举报方面的文件资料，初步梳理归纳应急预案中存在的问题	资料分析	列出存在的问题
	座谈研讨，就资料分析得出的情况，与办公室、生产、安全及相关业务部门、基层单位人员沟通交流，评估确认应急预案中存在的问题	人员访谈	列出座谈中反映的问题
其他	查阅其他有可能影响应急预案适用性因素的文件资料，对照评估应急预案中的不符合项	资料分析	是否有不符合项，列出不符合项
	依据资料分析情况，采取人员访谈、现场审核、推演论证的方式进一步评估确认有关问题	人员访谈、现场审核、推演论证	列出其他有关问题

4. 撰写评估报告

应急预案评估结束后，评估组成员沟通交流各自评估情况，对照有关规定及相关标准，汇总评估中发现的问题，形成一致、公正、客观的评估意见，并在此基础上组织撰写评估报告。评估报告的内容主要包括以下几项：

（1）评估组人员情况。评估人员基本信息及分工情况，包括姓名、性别、专业、职务职称及签字等。

（2）预案评估组织。预案评估工作的组织实施过程和主要工作安排。

（3）预案基本情况。应急预案编制单位、编制时间、实施时间及批准人。

（4）预案评估内容。评估应急预案管理要求、组织机构及职责、主要风险、应急资源、应急预案衔接及应急响应级别划分方面的变化情况，以及实施反馈中发现的问题。

（5）预案适用性分析。依据评估出的变化情况和问题，对应急预案各个要素内容的适用性进行分析，指出存在的不符合项。

（6）改进意见和建议。针对评估出的不符合项，提出改进的意见和建议。

（7）评估结论。对应急预案作出综合评价及修订结论。

5.2 应急预案评审、公布与备案

5.2.1 应急预案评审

应急预案评审是应急预案管理工作中非常重要的一个环节，是应急预案编制或修订完成后，决定预案能否发布和实施的关键工作步骤。规范和指导应急预案评审工作有着非常重要的理论和现实意义①。

1. 评审目的

应急预案编制完成后，应当组织有关人员对应急预案进行系统评审，通过评审来发现应急预案存在的缺陷和不足并及时进行纠正，充分满足应急预案发布和实施的要求。应急预案评审的目的主要体现在以下 4 个方面：

（1）发现应急预案存在的问题，完善应急预案体系。

（2）提高应急预案的针对性、实用性和可操作性。

（3）实现应急预案与其他相关应急预案的衔接。

（4）增强各有关单位的防范和应急处置能力。

2. 评审原则

突发事件应急预案的作用以及实施的目的决定了应急预案的评审出发点。有关研究人员在对应急预案进行评估时，也相应考虑了应急预案的完备性和可操作性等方面的要求。应急预案的评审有七大原则。

1）符合性原则

应急预案中的内容应符合国家相关法律、法规和国家标准的要求。我国有关应急预案的编制工作必须遵守相关法律法规的规定。例如，我国有关生产安全事故应急预案编制工作的法律法规包括《中华人民共和国安全生产法》《中华人民共和国职业病防治法》《危险化学品安全管理条例》和《建筑安全管理条例》等，因此，编制生产安全事故应急预案必须遵守这些法律法规的规定。

2）完整性原则

应急预案内容应完整，包含实施应急响应行动需要的所有基本信息。应急预案的完整性主要体现在下列几方面：一是功能（职能）完整。应急预案中应说明有关部门应履行

---

① 陶鹏．论应急预案编制与管理的政策过程面向［J］．西南民族大学学报（人文社会科学版），2021，42（2）：26－31.

的应急准备、应急响应职能和灾后恢复职能，说明为确保履行这些职能而应履行的支持性职能。二是应急过程完整。应急管理一般可划分为应急预防（减灾）、应急准备、应急响应和应急恢复四个阶段，重大灾害事故应急预案至少应涵盖上述四个阶段，尤其是应急准备和应急响应阶段，应急预案应全面说明这两个阶段的有关应急事项。三是适用范围完整。应急预案中应阐明该预案的适用范围。应急预案的适用范围不仅仅指在本区域或单位发生灾害事故时应启动响应。其他区域或组织发生灾害事故，也有可能作为该预案启动条件。即针对不同灾害事故的性质，可能会对预案的适用区域进行扩展。

3）针对性原则

针对性原则主要是评审应急预案是否针对可能发生的灾害事故类别，重大危险源、风险点等。一是针对可能发生的各类灾害事故，由于应急预案是针对可能发生的灾害事故而预先制定的行动方案。因此，只有在编制应急预案之初对辖区/单位可能发生的各类灾害事故进行分析和辨识，才能实现预案更广范围的覆盖性。二是针对重大危险源，重大危险源历来是国家安全生产监管的重点对象，在《中华人民共和国安全生产法》中明确要求针对重大危险源进行定期检测、评估、监控，并制定相应的应急预案。三是针对薄弱环节，指辖区/单位为应对重大灾害事故发生，而存在的应急能力缺陷或不足的方面。政府/单位在进行重大灾害事故应急救援过程中，人力、救援装备等资源可能会满足不了要求，针对这种情况，在组织编制应急预案过程中，必须针对这方面内容提出弥补措施。

4）科学性原则

应急救援工作是一项科学性很强的工作，编制应急预案也必须以科学的态度，在全面调查研究的基础上，实行领导和专家相结合的方式，开展科学分析和论证，制定出决策程序和处置方案、应急手段先进的应急响应方案，使应急预案真正具有科学性。科学性重点体现在应急预案的组织体系与职责、预防预警与信息报送、应急响应程序和处置方案是否合理。

5）可操作性原则

应急预案应具有实用性或可操作性，即发生重大灾害事故时，有关应急组织、人员可以按照应急预案的规定迅速、有序、有效地开展应急救援行动，降低灾害事故损失。为确保应急预案具有实用性、可操作，重大灾害事故应急预案编制机构应充分分析、评估本地可能存在的重大危险及其后果，并结合自身应急资源、能力实际，对应急过程中的一些关键信息如潜在重大危险及后果分析、支持保障条件、决策、指挥与协调机制等进行详细而系统的描述。同时，各责任方应确保重大灾害事故应急所需的人力、设施和设备、财政支持以及其他必要资源供应。

6）规范性原则

应急预案应当包含应急所需的所有基本信息，这些信息如组织不善可能会影响预案执行的有效性，因此预案中信息的组织应有利于使用和获取，并具备相当的可读性。一是易于查询，应急预案中信息的组织方式应有助于使用者找到他们所需要的信息，各章节组成部分阅读起来较为连贯，使用者能够较为轻松方便地掌握章节安排的基本原理，查询到所需要的信息。二是语言简洁、通俗易懂，应急预案编写人员应使用规范语言表述预案内容，并尽可能使用诸如地图、曲线图、表格等多种信息表现形式，使所编制的应急预案语言简洁、通俗易懂。应急预案中应主要采用当地官方语言文字描述，必要时补充当地其他语种；尽量引用普遍接受的原则、标准和规程，对于那些对编制应急预案有重要作用的依据应列入预案附录；高度专业化的技术用语或信息应采用有利于使用者理解的方式说明。三是层次及结构清晰，应急预案应有清晰的层次和结构。正如前文所述，由于面临的潜在灾害类型多样，影响区域也各有不同，因此，应急管理部门应根据不同类型事故或灾害的特点和具体场所合理组织各类预案。

7）衔接性原则

重大灾害事故应急预案应与其他相关应急预案协调一致、相互兼容。其他预案的范围包括：上级应急预案，如政府、主管部门应急预案；下级应急预案等。

3. 评审依据

应急预案评审应依据以下文件和实际情况进行：

（1）国家及地方政府有关法律、法规、规章和标准，以及有关方针、政策和文件。

（2）地方政府、上级有关部门以及本行业有关应急预案及应对措施。

（3）可能存在事故风险和生产安全事故应急能力。

4. 评审要点

应急预案评审应坚持实事求是的工作原则，有关研究人员在对应急预案进行评审时，应主要评审以下 7 个方面的内容：

（1）符合性。应急预案的内容应符合有关法律、法规、规章和标准，以及有关部门和上级单位规范性文件要求。

（2）适用性。应急预案的内容应切合本单位实际情况，与应急处置能力相适应。

（3）针对性。应急预案应是针对可能发生的事故灾害，为迅速、有序地开展应急行动而预先制定的行动方案。

（4）完整性。应急预案内容应包含实施应急响应行动需要的所有基本信息。

（5）科学性。应急预案的组织体系与职责、预防预警与信息报送、应急响应程序和处置方案等内容科学合理。

（6）规范性。应急预案的层次结构、内容格式、语言文字等应简洁明了，便于阅读和理解。

（7）衔接性。综合应急预案、专项应急预案和现场处置方案应形成体系，并与相关部门或单位应急预案相互衔接①。

5. 评审方法

应急预案评审分为形式评审和要素评审两种方法。评审采用符合、基本符合、不符合三种意见进行判定。对于基本符合和不符合的项目，应给出具体修改意见或建议②。

1）形式评审

形式评审是指依据有关规定和要求，对应急预案的层次结构、内容格式、语言文字和

① 郭雪松，赵慧增．突发公共卫生事件应急预案的组织间网络结构研究［J］．暨南学报（哲学社会科学版），2021，43（1）：64－79.

② 冯晨翔．精算思想引入应急管理［J］．城市与减灾，2020（5）：22－27.

制定过程等内容进行审查。形式评审的重点是应急预案的规范性和可读性。应急预案形式评审表见表5－2。

表5－2 应急预案形式评审表

评审项目	评审内容及要求	评审意见
封面	1. 应急预案名称、应急预案编制单位名称、颁布日期等内容 2. 应急预案封面反映的内容正确	□符合 □基本符合 □不符合
批准页	1. 有批准页（仅适用于备案评审） 2. 批准页对应急预案的发布及实施提出具体要求 3. 批准页经过预案发布单位主要负责人签批或经发布单位签章 4. 应急预案签发日期（年、月、日）与预案封面的颁布日期一致	□符合 □基本符合 □不符合
目录	1. 有目录（预案简单时可省略） 2. 目录结构完整，包含批准页，章的编号和标题、条的编号和标题，附件等内容 3. 目录层次清晰、合理 4. 目录的页码与实际内容页码对应	□符合 □基本符合 □不符合
正文	1. 文字通顺、语言精练、通俗易懂 2. 正文段落结构清晰，层次明显，可快速、方便地查找有关内容 3. 正文中的图表、文字清楚，编排合理（名称、顺序、大小等） 4. 正文无错别字，同类文字的字体、字号相互统一 5. 文字通常从左至右横排，特殊除外 6. 正文文字通常采用宋体或仿宋，不采用特殊的艺术字体	□符合 □基本符合 □不符合
附件	1. 应急预案附件齐全，编排顺序清晰、合理 2. 附件如有序号使用阿拉伯数码（如“附件：1. ×××××”） 3. 附件左上角标识“附件”，有序号时标识序号 4. 附件名称及序号应在目录中体现，做到前后标识一致 5. 特殊情况下，附件可以独立装订	□符合 □基本符合 □不符合
编制过程	1. 全面分析本单位危险因素，确定可能发生的事故类型及危害程度 2. 针对事故危险源和存在的问题，确定相应的防范措施 3. 客观评价本单位应急能力 4. 建立了安全生产应急预案体系，制定了相关专项预案和现场处置方案 5. 充分征求预案相关部门意见，并有意见汇总及采纳情况记录 6. 必要时，与相关应急救援单位签订应急救援协议	□符合 □基本符合 □不符合

2）要素评审

要素评审是指依据有关规定和标准，从符合性、适用性、针对性、完整性、科学性、规范性和衔接性等方面对应急预案进行评审。要素评审包括关键要素和一般要素。为细化评审，可采用列表方式分别对应急预案的要素进行评审。评审应急预案时，将应急预案的要素内容与表中的评审内容及要求进行对应分析，判断是否符合表中要求，发现存在问题及不足。

（1）关键要素。关键要素是指应急预案构成要素中必须规范的内容。这些要素涉及生产经营单位日常应急管理及应急救援的关键环节，具体包括危险源辨识与风险分析、组织机构及职责、信息报告与处置和应急响应程序与处置技术等要素。

（2）一般要素。一般要素是指应急预案构成要素中可简写或省略的内容。这些要素不涉及生产经营单位日常应急管理及应急救援的关键环节，而是预案构成的基本要素，具体包括应急预案的编制目的、编制依据、适用范围、工作原则、单位概况等要素。

结合《生产经营单位生产安全事故应急预案评审指南（试行）》，确定综合应急预案的关键要素和一般要素评审应满足的基本要求，见表5－3。

表5－3　综合应急预案要素评审表

评审项目		评审内容及要求	评审意见
总则	编制目的	编制目的明确，内容简明扼要	□符合 □基本符合 □不符合
	编制依据	1. 引用文件均为应急预案编制时期最新版本 2. 不得越级引用应急预案	□符合 □基本符合 □不符合
	应急预案体系	1. 能够清晰描述本单位的预案体系构成 2. 应急预案体系基本能够覆盖本单位可能发生的事故类型	□符合 □基本符合 □不符合
	应急工作原则	1. 能够体现以人为本、预防为主、依法规范 2. 能够体现统一指挥、协调有序，平战结合、快速响应	□符合 □基本符合 □不符合
适用范围*		1. 应急预案适用范围明确 2. 适用的事故类型和级别明确	□符合 □基本符合 □不符合
危险性分析	生产经营单位概况	1. 突出单位性质以及与危险性有关的设施、装置、设备，重要目标、场所和周边布局情况等 2. 能够让各方应急力量（包括外部应急力量）事先熟悉单位的基本情况及周边环境	□符合 □基本符合 □不符合
	危险源与风险分析*	1. 能够客观分析本单位存在的危险源及危险程度 2. 能够客观分析引发事故的诱因、事故影响范围及危害后果	□符合 □基本符合 □不符合
组织机构及职责	应急组织体系*	1. 能够清晰描述本单位的应急组织体系 2. 明确成员单位或领导在日常及应急状态下的工作职责 3. 规定的工作职责合理，相互衔接	□符合 □基本符合 □不符合
	指挥机构及职责*	1. 能够清晰描述本单位应急指挥体系 2. 明确应急救援的总指挥、副总指挥和各应急救援小组及其相应职责 3. 各应急救援小组设置合理，应急工作明确	□符合 □基本符合 □不符合

表5-3（续）

评审项目		评审内容及要求	评审意见
预防与预警	危险源管理	1. 明确事故预防和应急准备 2. 明确重大危险源所采取的主要技术性预防措施	□符合 □基本符合 □不符合
	预警行动	1. 按照事故发生的紧急程度和危害程度进行预警 2. 预警级别与采取的预警措施能有机衔接 3. 明确预警信息发布的方式及流程	□符合 □基本符合 □不符合
	信息报告与处置*	1. 明确本单位24小时应急值守电话 2. 明确本单位内部信息报告的形式及要求 3. 明确本单位内部信息的报告与处置流程	□符合 □基本符合 □不符合
		1. 明确事故信息上报的部门及通信方式 2. 明确向上级有关部门报告的内容和时限 3. 信息上报内容和时限符合国家有关规定要求	□符合 □基本符合 □不符合
		1. 明确事故发生后向可能遭受事故影响的单位发出通报的方式、方法 2. 明确事故发生后向有关单位发出请求支援信息的方式、方法 3. 信息的通报或请求信息的发出应符合国家有关规定和要求	□符合 □基本符合 □不符合
应急响应	响应分级*	1. 应急响应分级清晰，符合企业实际 2. 响应分级能够体现事故紧急和危害程度 3. 明确事故状态下的决策方法，以及应急行动程序和保障措施	□符合 □基本符合 □不符合
	响应程序*	1. 响应程序立足于控制事态发展和扩大，减少事故影响 2. 明确救援过程中各专项应急功能的实施程序 3. 明确扩大应急的基本要求及内容 4. 能够辅以图表等方式提高应急响应程序的直观性	
	应急结束	1. 明确应急救援行动结束的条件和相关事宜 2. 明确发布应急终止命令的组织机构和程序 3. 明确事故应急救援结束工作总结部门	
信息沟通与后期处置		1. 明确事故发生后，与外界信息沟通的责任人，以及具体办法 2. 明确事故发生后，污染物处理、生产恢复、善后赔偿等内容 3. 明确应急救援能力评估及应急预案的修订等内容	□符合 □基本符合 □不符合
保障措施*		1. 明确与应急工作相关单位或人员的通信方式，确保应急期间信息通畅 2. 明确应急装备、设施和器材清单，以及存放位置，并保证其有效性 3. 明确各类应急资源，包括专业应急队伍，兼职应急队伍的组织与保障方案	□符合 □基本符合 □不符合
培训与演练		1. 明确对本单位人员开展应急管理培训的计划、方式方法 2. 如果预案涉及社区和居民，明确应急宣传教育工作 3. 明确应急演练的方式、频次、范围、内容、组织、评估、总结等内容	□符合 □基本符合 □不符合

表5-3（续）

评审项目		评审内容及要求	评审意见
奖惩		明确事故应急救援工作中奖励和处罚的条件和内容	□符合 □基本符合 □不符合
附则	应急预案备案	1. 明确本预案的报备部门，包括上级主管部门及地方政府有关部门 2. 相关内容应符合国家关于预案备案的相关要求	□符合 □基本符合 □不符合
	制定与修订	1. 明确应急预案负责制定与解释的部门 2. 明确应急预案修订的条件和年限	
	应急预案实施	明确应急预案生效实施的具体时间	

注："＊"代表应急预案的关键要素。

6. 评审程序

应急预案编制完成后，应在广泛征求意见的基础上，采取会议评审的方式进行审查。具体程序包括下列步骤。

1）准备评审

预案评审前应成立应急预案评审工作组，确认落实参加评审的单位或人员，将应急预案、编制说明、风险评估、应急资源调查报告及其他有关资料在评审前送达参加评审的单位或人员，以便他们有足够的时间研读、审阅。

2）组织评审

评审采取会议审查形式。会议由评审组成员共同推选出的组长主持，并按照议程组织评审。首先由应急预案编制单位或部门向专家介绍应急预案编制或修订情况；其次由评审人员对应急预案进行讨论，提出问题或建议，对于评审人员的提问，预案编制单位或部门要逐条回答并认真记录；最后由评审组根据会议讨论情况，提出会议评审意见。评审会议应形成"预案评审意见书"，附参加评审会议人员签字表。为了保证评审充分、顺利，评审会应不设时间限制。

3）修改完善

评审结束后，应急预案编制单位应认真分析研究，按照评审意见对应急预案进行修订和完善。对于评审表决不通过的，应急预案编制单位应修改完善后按评审程序重新组织专家评审，同时写出根据专家评审意见的修改情况说明，并经专家组组长签字确认。

7. 评审时间

（1）发生事故后及时对预案进行评审。

（2）应急救援预案演练后对预案进行评审。

（3）应急预案每三年评审修订一次。

5.2.2 应急预案公布

政府/单位制定应急预案后，必须向组织内的职工进行培训，以及向周边的企业和社会进行告知与公布。有的政府/单位制定了预案，但没有履行发布程序，从法律意义上讲，它没有发生效力。对于政府应急预案应该按照最新的《突发事件应急预案管理办法》报送审批和公布；对于生产经营单位应急预案应该按照《生产安全事故应急预案管理办法》《生产安全事故应急条例》要求进行审批和公布。

《突发事件应急预案管理办法》第二十一条规定：自然灾害、事故灾难、公共卫生类政府及其部门应急预案，应向社会公布。对确需保密的应急预案，按有关规定执行。

《生产安全事故应急预案管理办法》第二十六条规定：易燃易爆物品、危险化学品等危险物品的生产、经营、储存、运输单位，矿山、金属冶炼、城市轨道交通运营、建筑施工单位，以及宾馆、商场、娱乐场所、旅游景区等人员密集场所经营单位，应当在应急预案公布之日起20个工作日内，按照分级属地管理原则，向县级以上人民政府应急管理部门和其他负有安全生产监督管理职责的部门进行备案，并依法向社会公布①。

及时公布应急预案可以科学规范突发事件应对处置工作。明确各级政府、各个部门以及各个组织在应急体系中的职能，以便形成精简、统一、高效和协调的突发事件应急处置体制机制。

1. 公布程序

根据各地政府关于应急预案公布的规定，一般的公布程序如下：

（1）装订规范的应急预案文件。

（2）应急预案责任部门主要负责人会签。

（3）准备批准材料，一般包括预案文本、编制说明、评审专家组的“预案评审意见书”以及依据意见所做的修改说明。

（4）按行政程序审批上报。

（5）政府常务会议（企事业单位领导班子）审议。

（6）主要行政首长（企事业单位主要负责人）签发。

2. 公布方式

政府（企事业单位）应急预案的公布方式如下：

（1）主要行政首长（企事业单位主要负责人）签署。

（2）政府预案通过政府新闻办、政府网站、公共媒体等方式向社会公布并印发，涉密的应急预案应按照保密要求公布预案简本或预案操作手册。企事业单位预案通过公共新闻媒体等方式向社会公布。

（3）宣布生效日期。

（4）向上级政府（主管部门）进行备案。

5.2.3 应急预案备案

应急预案备案是按照相关法律、法规、规章等的要求到指定的主管部门将预案存档以备查考的程序。

---

① 赵艳艳，李畅，刘婷. 突发事件应急预案编制流程及要点分析［J］. 采矿技术，2020，20（5）：82－85＋94.

1. 备案部门

根据《突发事件应急预案管理办法》第二十条：应急预案审批单位应当在应急预案印发后的20个工作日内依照下列规定向有关单位备案：

（1）地方人民政府总体应急预案报送上一级人民政府备案。

（2）地方人民政府专项应急预案抄送上一级人民政府有关主管部门备案。

（3）部门应急预案报送本级人民政府备案。

（4）涉及需要与所在地政府联合应急处置的中央单位应急预案，应当向所在地县级人民政府备案。

法律、行政法规另有规定的从其规定。

2. 备案程序

申报应急预案备案，应当提交下列材料：

（1）应急预案备案申报表。

（2）应急预案评审或者论证意见。

（3）应急预案文本及电子文档。

（4）风险评估结果和应急资源调查清单。

受理备案登记的部门应在5个工作日内对应急预案材料进行核对，经审查符合要求的，予以备案并出具应急预案备案登记表；不符合要求的，不予备案并说明理由①。逾期不予备案又不说明理由的，视为已经备案。

国务院履行应急预案备案管理职责的部门和省级人民政府应当建立应急预案备案管理制度，县级以上地方人民政府有关部门完善实施办法，指导、督促有关部门、单位做好应急预案备案工作。

5.3 应急预案宣传与培训

5.3.1 应急预案宣传教育

应急预案操作性、实用性很强，很多预案的应急响应行动都需要广大公众的大力支持和积极参与。因此，要利用多种方式广泛公布应急预案，开展应急预案宣传解读。对于要求公众了解和参与的应急预案，要全面公布，广而告之，使公众做到应知应会，积极参与；对预案中涉及公众生命安全保障的部分应当作为宣传、普及的重点内容；对涉及需要保密的内容，可制发应急预案简本，公布部分内容。

1. 宣传教育的对象

应急预案宣传教育的对象是该预案的特定受众。预案的受众是指与预案相关的所有人员。主要包括：

（1）预案中规定的指挥者（地方或部门首长）。

（2）预案中规定的参与突发事件处置的所有应对者。

---

① 李宏伟．突发公共事件应急管理域外经验及对策建议［J］．当代经济，2020（5）：11－13.

（3）预案中针对的可能受到突发事件影响的普通群众。

（4）预案中规划的应对突发事件的协作者、志愿者。

（5）与该预案有关联的其他预案责任方，如上级部门、平行部门。

2. 宣传教育的方式

预案的宣传教育是一项系统工作，目的是让受众了解该预案的内容，方式上要保证适用性和普及性。

对于承担指挥责任的官员，合适的形式是：采取小型会议讨论、辅导；将其职责和响应程序编写成问卷，请他们亲自参考预案回答；发给预案文本自己学习。最有效的方法是请他们本人做预案辅导报告。

对于参与突发事件处置的专业人员，一般采取集中学习，内容既要包括自己参与的工作，也要熟悉预案的其他部分。

对于可能受到突发事件影响的普通群众来说，要充分发挥报纸、电视等传统媒体和网络、微博、微信等新媒体的宣传教育作用，制作通俗易懂、好记管用的宣传普及材料，向公众免费发放，推动应急预案宣传教育“进机关、进基层、进社区、进工厂、进学校”，做到应急预案宣传教育全覆盖。使社会公众和生产经营单位职工了解、掌握自身所涉及应急预案的核心内容，增强应急意识、提升自救互救能力。

5.3.2 应急预案培训

与宣传教育不同，应急预案培训的重点是让受众掌握应急预案中的操作性程序和技能。应急预案编制单位可以采取多种形式开展应急预案的宣传教育，普及生产安全事故避险、自救和互救知识，增强从业人员和社会公众的安全意识，提升其应急处置技能。各级人民政府应急管理部门应当将本部门应急预案的培训纳入安全生产培训工作计划，并组织实施本行政区域内重点生产经营单位的应急预案培训工作。生产经营单位应当组织开展本单位的应急预案、应急知识、自救互救和避险逃生技能的培训活动，使有关人员了解应急预案内容，熟悉应急职责、应急处置程序和措施①。

1. 培训的范围

应急培训的范围主要包括：

（1）政府主管部门的培训。

（2）社区居民的培训。

（3）单位全员的培训。

（4）专业应急救援队伍的培训。

培训对象中，最重要的是指挥者和专业人员。应急预案发布单位要强化对应急预案涉及人员特别是指挥机构、各工作组成员、救援队伍等的培训。应制定应急培训计划，采用各种教学手段和方式，如自学、讲课、办培训班等，加强对各有关人员抢险救援的培训，以提高事故应急处理能力。

2. 培训的内容

① 刘罗．南京市突发环境事件应急管理研究［D］．南京：南京大学，2019.

培训的内容主要包括：法律、法规、规章和标准，安全卫生知识，各级应急预案，抢险维修方案、专业知识，应急救护技能，风险识别与控制，案例分析等。

1）安全法律法规

法律、法规教育是应急培训的核心之一，也是安全教育的重要组成部分。通过教育使应急人员在思想上牢固树立法治观念，明确“有法必依、照章办事”的原则。

2）安全卫生知识

主要包括：火灾、爆炸基本理论及其简要预防措施；识别重大危险源及其危害的基本特征；重大危险源及其临界值的概念；化学毒物进入人体的途径及控制其扩散的方法；中毒、窒息的判断及救护等。

3）安全技术与抢修技术

在实际操作中，将所学到的知识运用于抢修工作中，掌握安全操作、事故控制，抢修、抢险工具的操作、应用，消防器材的使用等。

4）应急救援预案的主要内容

使全体职工了解应急预案的基本内容和程序，明确自己在应急过程中的职责和任务，这是保证应急救援预案能快速启动、顺利实施的关键环节。

根据培训人员层次不同，培训内容要有不同的侧重点。对于指挥者，要培训其熟悉预案规定的指挥与协调、应急响应启动、响应程序和响应行动等全方位、全过程工作程序和方法；对于应急响应专业人员，要培训其掌握响应程序、操作流程、响应行动需要的资源和技能，以及响应的注意事项等。使受训者能够做到内化于意识、外化于行动，科学有序有效应对事故灾难。

此外，对于公众，要通过宣讲团的方式，培训他们掌握预警信息的接收、识别与响应，熟悉疏散撤离的路线和方式、场所与危险警示标志，学会自我防护和保护知识与技能等。

为了便于他们掌握预案内容，可以针对不同的对象编写预案简本用于培训。

3. 培训的方法

（1）讲授法：属于传统模式的培训方式，寻找应急预案编制与培训的专家进行学习与指导。

（2）研讨法：组织学习安全生产法律法规，熟悉掌握应急预案的编制与制定。

（3）案例研究法：结合实现场实际，对典型的应急预案实施案例进行共同学习。

（4）视听技术法：利用幻灯片、电影、录像、录音、电脑等视听教材进行培训，多用于新进员工培训，熟悉掌握应急预案的编制与应用。

（5）工作指导法：由一位有经验的应急预案审核编制专家或直接主管人员在工作岗位上对受训者进行培训。

5.4 应急预案修订

随着社会、经济和环境的变化，应急预案中包含的信息可能会随之发生变化。因此，即使在预案公布、实施之后，还需要根据不断变化的情况以及应急处置或演练后的经验教训总结，定期或适时修订应急预案，实现应急预案的动态更新优化。修订应急预案应当在风险分析和应急能力评估后，按照制定程序重新进行编制、审议、批准、公布和备案。

5.4.1 修订条件

《突发事件应急预案管理办法》第二十五条对应急预案的修订条件做了明确的规定，主要包括以下七种情况：

（1）有关法律、行政法规、规章、标准、上位预案中的有关规定发生变化的。

（2）应急指挥机构及其职责发生重大调整的。

（3）面临的风险发生重大变化的。

（4）重要应急资源发生重大变化的。

（5）预案中的其他重要信息发生变化的。

（6）在突发事件实际应对和应急演练中发现问题需要作出重大调整的。

（7）应急预案制定单位认为应当修订的其他情况。

当出现上述任一情况时，编制单位需及时对应急预案进行修订。此外，即使没有上述这些必须修订预案的条件，预案也应该定期检查、评估、修订。如《河南省突发事件应急预案管理办法》第二十三条规定："应急预案制定部门或单位应当根据应急管理形势的变化、应急预案演练和突发事件处置中发现的问题，依据有关法律、行政法规、规章和规定，定期或适时修订应急预案，修订周期不超过三年。"各级人民政府应急管理办事机构应当对有关应急预案的修订情况进行监督检查，对没有按要求定期或适时修订应急预案的应当及时提出纠正建议。

5.4.2 修订发起

各级政府及其部门、企事业单位、社会团体、公民等，可以向有关预案编制单位提出修订建议。一般情况下，预案修订申请人或建议人包括以下部门。

1. 预案制定部门

对政府来说，提请预案修订的责任人应该是牵头单位或本级政府的应急管理部门（应急管理厅、局或其他）。适用的情况包括：启动了应急响应或者举行了应急演练，应急组织体系和职责发生了改变，相关法律法规做了修改或出台了新的法律法规，预案体系和预案规范需要调整等。

2. 应急响应的参与部门

预案中确定的应急响应的协作部门，在经过启动应急响应或者举行了应急演练之后，发现本部门不能或不便履行某些职责，可以以书面形式告知应急预案制订单位提请修改预案。

3. 其他部门

政府的规划部门、社会上的安全评价机构、预案评估机构和其他科研机构，以及相关专家学者，在工作中发现预案需要修改，如危险源、人口分布、重要设施和要害部门发生了改变，应急资源发生了变化，或存在其他潜在的影响因素，可以提请应急预案制订单位修改预案，但要附上相关证明材料。

5.4.3 修订实施

1. 修订机构

应急预案修订实质上也是预案编制的过程，原则上应由原编制委员会承担。但由于修订任务不大，且不做重大改变，可以抽调原编制委员会的部分成员，特别是修订内容涉及的部门成员，组成修订小组。

2. 修订流程

根据修订建议来修订预案时，通常包括以下步骤：①对提出的修订建议进行分析并确定需要修订的内容；②修订完成后，审查修订内容与预案的一致性并进行最后调整；③报批修订内容，发布新（修订）预案，完成修订。

定期修订预案时，通常包括以下步骤：①逐条分析预案，识别预案问题，确定修订内容；②修订完成后，审查修订内容与预案的一致性，并进行最后调整；③报批修订内容、发布新（修订）预案，完成修订。

应急预案修订涉及组织指挥体系与职责、应急处置程序、主要处置措施、突发事件分级标准等重要内容的，应参照《突发事件应急预案管理办法》规定的预案编制、审批、备案、公布程序组织进行。仅涉及其他内容的，修订程序可根据情况适当简化。

【本章重点】

1. 应急预案的评估程序包括制定评估方案、收集资料并分析、实施评估、撰写评估报告。

2. 应急预案评估报告的内容主要包括评估组人员情况、预案评估组织、预案基本情况、预案评估内容、预案适用性分析、改进意见和建议以及评估结论等。

3. 综合评分法是以定量为主，定性与定量相结合，对应急预案各个部分制定不同的打分指标，评估人员依据预案中各个内容的情况对比指标打分的要求逐一打分。

4. 突发事件应急预案评审原则包括符合性原则、完整性原则、针对性原则、科学性原则、可操作性原则、规范性原则和衔接性原则。

5. 应急预案培训的内容主要包括法律、法规、规章和标准，安全卫生知识，各级应急预案，抢险维修方案、专业知识，应急救护技能，风险识别与控制，案例分析等。

6. 修订应急预案应当在风险分析和应急能力评估后，按照制定程序重新进行编制、审议、批准、公布和备案。

【本章习题】

1. 应急预案评估的目的是什么？
2. 应急预案评估的方法有哪些？
3. 应急预案评审的内容有哪些？
4. 应急预案公布的方式有哪些？
5. 为什么应急预案需要定期修订？

6 应急演练概述

应急演练对于评估应急准备状态，检验应急人员的实际操作水平，发现并及时修改应急预案中的缺陷和不足等具有重要意义，有利于增强应急预案的科学性、可行性和针对性，完善应急准备，提高应急处置能力。应急演练是应急管理中必不可少的环节，设计和实施高质量的应急演练能够为参演者提供低风险高收益的学习环境，使有关人员熟悉各自的职责分工，增进各机构之间有意义的互动与沟通。在各类突发事件频发、应对处置越来越复杂的今天，举行必要的应急演练，是保证人民生命财产安全、尽可能减少突发事件危害的最有效手段之一。

案例导入

2008 年北京奥运会，是一次人类的盛会，也是一次文明的盛举！为了保障这次奥运会取得圆满成功，我国在各方面都做足了准备。例如，为了检验举办奥运会城市的电力安全保障能力，落实奥运相关保电措施，确保奥运会期间电网安全稳定运行，2008 年 4 月 29 日下午，一次应对电网突发事故的大规模、综合性奥运保电演练——国家电网 2008 奥运保电联合反事故演练，在华北电网、东北电网和华东电网同时举行。此次演练考察了互联电网在出现严重事故的情况下，举办奥运会城市的电网保电措施，检验了国家电网公司各级调度和现场运行维护人员应对电力系统突发事件的处置能力，加强了各级调度机构及相关厂站的协调配合。

又如，2008 年 5 月 26 日上午，北京市电力事故应急指挥部组织实施以奥运期间城市运行及赛事保障为重点的“北京 2008 年电力突发公共事件应急联合演习”。国家发展改革委、国家电监会、国家电网公司有关领导观摩演练，北京市委常委、常务副市长吉林出席并在演练后发表重要讲话。此次演练针对今年奥运比赛期间与夏季大负荷期重叠的特点，充分考虑电网在夏季较易发生雷电、风暴等自然灾害和外力破坏事故，结合事故对奥运赛事可能产生的影响，开展了有针对性的应急处置演练，从电力企业抢险抢修、社会联动、部门配合等角度检验了电力突发事件应急联动及配合的能力。

演练结束后，吉林常务副市长对此次演练给予了高度评价，认为演练方案严谨，准备充分，指令清晰，程序流畅，机制完备，配合协调，反应迅速，通过演练进一步检验了电力安全保障工作。并对下一阶段的工作提出了要求，要求各有关部门认真总结，加强预测、预警及综合协调能力，做好信息发布，进一步完善电力应急预案，把电力突发公共事件带来的影响降到最低。应急演练的开展能够检验各部门的应急处置与救援能力水平，检验其协调配合的一致性，同时可以检验应急工作机制是否健全。因此，有必要经常性地开展应急演练，提高突发事件应急响应能力。

6.1 应急演练的概念与意义

6.1.1 应急演练的概念

演练是对应急工作中需要的某种特殊的或专一的行动或功能实施的练习。应急演练是将应急人员置身于模拟的突发事件场景之中，依据各自职责，按照真实事件发生时应该履行的职能而采取的一种实践性活动，用以评价履行应急预案所赋予的应急管理职能的能力。《突发事件应急演练指南》将应急演练定义为“各级人民政府及其部门、企事业单位、社会团体等组织相关单位及人员，依据有关应急预案，模拟应对突发事件的活动”。

6.1.2 应急演练的意义

应急演练的意义包括三个方面：提高应对突发事件的风险意识，检验应急预案的可操作性和增强突发事件应急响应能力。

1. 提高应对突发事件的风险意识

开展应急演练，通过模拟真实突发事件及应急处置过程，能够给参与者留下更加深刻的印象，从直观上、感性上真正认识突发事件，提高对突发事件风险源的警惕性，能促使公众增强应急意识，主动学习应急知识，掌握应急知识和处置技能，提高自救互救能力，保障其生命财产安全。

2. 检验应急预案的可操作性

通过应急演练可以发现应急预案中存在的问题，在突发事件发生前暴露预案的缺点，验证预案在应对可能出现的各种意外情况方面所具备的适应性，找出预案需要进一步完善和修正的地方；可以检验预案的可行性以及应急准备的情况，验证应急预案的整体或关键性局部是否可以有效地付诸实施；可以检验应急工作机制是否健全完善，应急处置与救援能力是否满足要求，各部门之间的协调配合是否一致等。

3. 增强突发事件应急响应能力

应急演练是检验、提高和评价应急能力的一个重要手段，通过接近真实的亲身体验的应急演练，可以提高各级领导者应对突发事件的分析研判、决策指挥和组织协调能力；可以帮助应急管理人员和各类应急救援人员熟悉突发事件情景，提高应急熟练程度和实战技能，改善各应急组织机构、人员之间的沟通交流、协调合作；可以让公众学会在应对突发事件过程中保持良好的心理状态，减少恐惧感，配合政府和部门共同应对突发事件，从而有助于提高整个社会的应急能力①。

6.2 应急演练的目的及原则

6.2.1 应急演练的目的

开展应急演练的主要目的是检验预案、完善准备、锻炼队伍、磨合机制、宣传教育，进而提升整个应急管理系统。实现上述应急演练的目的不仅仅要通过应急演练实施的过程，更有赖于演练后的评估以及依据评估建议所采取的改进措施。因此，只有当应急演练真正提高了应急人员的能力和进一步完善了应急预案，才能完全发挥应急演练的作用。

1. 检验预案

通过开展应急演练，查找应急预案中存在的问题，进而完善应急预案，提高应急预案的实用性和可操作性。应急演练在形成之初，定位就是为预案服务，目标是通过演练来检验预案的功能和实效。

演练策划操作中一般将预案功能按一定标准进行拆分，尽可能分解到能够演练的最小单元，称之为演练科目，如针对预案所涉及职能职责划分为应急动员、指挥控制、事态评估、资源管理、通信、设施装备保障、预警与公告、公共信息、公众保护措施、应急人员安全、交通管制、疏散人员管理、医疗服务、不间断应急、外部增援、事态控制与现场恢复、文件资料化与调查等几十项功能。将上述若干项演练科目按照组织者的要求有机组合起来进行策划设计，便可形成一场典型的应急演练，而针对该预案的单项或多项功能的演练则共同构成了对预案的演练。从实现途径上讲，从简单、分项、小规模做起，条件不足时逐项进行较小规模但合乎规范的演练，条件成熟时可以测试组合功能甚至按需要进行演练，真正做到对预案的演练。有的人对演练组织形式和开展方式理解上有偏差，认为演练只能检验预案的部分应急功能，并不符合实际。演练只是在目前情况下，依据紧迫程度和重要度安排，检验相对更需要验证的内容，因此要求参演人员从演练计划一开始就认为演练并不简单、必须高度重视和认真对待。

演练针对的是一件或关联的系列具体事件的处置，由明确的人、具体的任务、清晰的职责以及确定的履责过程构成。既然人们期待借助演练有效测试预案，那么预案质量就显得格外重要，尽管演练暴露的不足和发现的问题可用于预案修订，但还是应以符合实际、规范而非粗制滥造的预案作为演练蓝本。演练检验预案的基础是制订预案，前提是做好预案功能的分割与组合。有些单位应急救援演练质量多年以来一直没有得到实质性提高的原因是相关人员从思想上不重视，突出表现在一些领导根本没有意识到演练的重要性，甚至没有成立相应的机构，每到演练时都是走走过场、撑撑场面，因此这些单位难以在演练中真正提升自身的应急救援能力，无法发挥演练的真正作用。

---

① 夏保成，张小兵，王慧彦．突发事件应急演习与演习设计［M］．北京：当代中国出版社，2011.

2. 完善准备

通过开展应急演练，检查应对突发事件所需应急队伍、物资、装备、技术等方面的准备情况，发现不足及时予以调整补充，完善应急管理和应急处置技术，补充和更新应急装备和物资，提高其适用性和可靠性，做好应急准备工作。应急准备要关注应急预案的系统性，同时要注意增强部门应急预案、专项应急预案等各级各类预案的衔接性。应急准备要不断增强各级各类预案的针对性、适用性和可操作性，应急预案编制完成后应当聘请预案编制专家、应急处置专家、相关行业技术人员和行政管理人员进行有效评审，增强其正确性、保障性和兼容性。应当避免预案模板化而造成一些地方及部门对应急预案管理工作的重要性认识不足，预案发布后被闲置，致使预案成为编而不用的文本文件。

3. 锻炼队伍

通过开展应急演练，增强演练组织单位、参与单位和人员等对应急预案的熟悉程度，提高应急处置能力。现实中很多单位虽然意识到了应急救援演练的重要性，但是由于缺乏经验等原因，导致其在确定演练内容时过于简单，不切合实际，无法真正发挥演练的作用。比如在设置火灾事故时，只明确了火灾大小、火灾位置等，对于诸多自然条件都没有给出明确的规定，如风向、风速、燃烧物质、避灾路线等，导致救援行动缺乏技术性和可信度。

演练中，假设的灾情都比较简单，基本没有设定灾情发展变化中易引起的次生灾害，由于演练灾情设定过于简单，没有起到做好打大仗、打硬仗的准备，对应急救援工作的指导作用不大。为了保证演练的安全性和可行性，也应该科学设置相关演练情景，综合考虑各项可能发生的因素，最大限度地避免灾害事故发生。

4. 磨合机制

通过开展应急演练，一是进一步明确相关单位和人员的职责任务，理顺工作关系，完善应急机制，提高协调配合能力。2018 年，应急管理部组建以来，我国逐步构建了统一领导、权责一致、权威高效的国家应急能力体系，推动形成了统一指挥、专常兼备、反应灵敏、上下联动的中国特色应急管理体制。不难看出，新体制侧重于厘清体制与体系，更加注重事前管控及风险管理，应急组织体系和职责发生了改变，应急管理责任部门也进行了调整。二是形成预案自我完善、持续改进的机制，明确应急预案修订的时间、程序及具体要求，根据实际变化及时修订应急预案，宣传培训应急预案，增加应急预案的公开程度、透明度和社会力量的参与程度。三是加强应急预案演练，特别是实战演练。应急演练要重点突出、不求大求全、流于形式，注重对演练实施的全面评价，针对暴露出的问题进行整改。

5. 宣传教育

通过开展应急演练，普及应急管理知识，提高参演人员和观摩人员的风险防范意识和自救互救能力。

各级应急管理部门和企事业单位应当采取多种形式开展应急预案的宣传教育培训工作，使相关人员了解本单位应急预案的内容，熟悉应急职责、应急程序和岗位的应急处置方案，增强突发事件预防、避险、自救和互救能力，提高安全意识及应急处置技能。各级应急管理部门和监督机构将应急预案的培训纳入年度培训计划，负责监督检查本行政区域内各单位的应急预案培训工作。

6.2.2 应急演练的原则

应急演练有多种类型，不同种类的应急演练虽有不同特点，但在策划应急演练内容、演练情景、演练频次、演练评价方法等方面应遵循的原则基本一致，具体包括以下几点①。

1. 结合实际，合理定位

紧密结合应急管理工作实际，明确演练目的，根据资源条件确定演练方式和规模。

2. 着眼实战、讲求实效

以提高应急指挥人员的指挥协调能力、应急队伍的实战能力为着眼点，重视对演练效果及组织工作的评估、考核，总结推广好的经验，及时整改存在的问题。

3. 精心组织、确保安全

围绕演练目的，精心策划演练内容，科学设计演练方案，周密组织演练活动，制订并严格遵守有关安全措施，确保演练参与人员及演练装备设施的安全。

4. 统筹规划、厉行节约

统筹规划应急演练活动，适当开展跨地区、跨部门、跨行业的综合性应急演练，充分利用现有资源，努力提高应急演练效益。

5. 高度重视、认真对待

演练是为真正的突发事件做准备，锻炼队伍，提升应急抢险能力，各级领导以及演练参与人员应高度重视每一次演练，严肃对待每一次演练②。

6.3 应急演练的分类

应急演练作为一种优化应急准备工作和提升应急能力的实践性活动，在世界各国及各行业领域广泛开展，有较多的分类方式。我国《突发事件应急演练指南》《地震应急演练指南》《生产安全事故应急演练指南》等从组织形式、内容以及目的作用三方面对演练活动进行了分类。准备开展应急演练时，首先要确定演练类型。根据不同的划分标准，应急演练类型主要有以下3种划分方法。

6.3.1 按组织形式划分

按组织形式，应急演练可分为桌面演练和实战演练。

1. 桌面演练

桌面演练是指参演人员利用地图、沙盘、流程图、计算机模拟、视频会议等辅助手段，针对事先假定的演练情景，讨论和推演应急决策及现场处置的过程，从而促进相关人员掌握应急预案中所规定的职责和程序，提高指挥决策和协同配合能力。桌面演练通常在

---

① 《突发事件应急演练指南》“1.3 应急演练原则”。

② 闫旭．突发事件应急演练组织实施与常见问题研究［J］．管理观察，2019（15）：60－62.

室内完成。桌面演练的特点是对演练情景进行口头演练，主要作用是在没有时间压力的情况下，演练人员在检查和解决应急预案中问题的同时，获得一些建设性的讨论结果。主要目的是在友好、较小压力的情况下，锻炼演练人员解决问题的能力以及解决应急组织相互协作和职责划分的问题。

在实际演练中，桌面推演被广泛融合在各种演练中，有着将事态研判、紧急会商以及应急方式表达出来的重要作用，桌面推演还可以促进烦琐突发事件演练方案的形成。桌面推演一般利用计算机、召开会议等方式将突发事件的基本流程、各部门的职能等进行科学合理的推演，有效利用计算机网络技术和虚拟现实技术，尽可能地研发桌面推演的软件。很多大型演练要经过规模较大、层次丰富、场景多元的突发事件应急情景的建设，对于应急预案具有的应急功能，可以有效地监测当前应急救援系统所具备的解决突发事件能力的程度。桌面演练只需要展示有限的应急响应和内部协调活动，应急响应人员主要来自本地应急组织，事后一般采取口头评论形式收集演练人员的建议，并提交一份简短的书面报告，总结演练活动和提出有关改进应急响应工作的建议。桌面演练方法成本较低，主要是为功能演练和全面演练做准备。

2. 实战演练

实战演练是指参演人员利用应急处置涉及的设备和物资，针对事先设置的突发事件情景及其后续的发展情景，通过实际决策、行动和操作，完成真实应急响应的过程，从而检验和提高相关人员的临场组织指挥、队伍调动、应急处置技能和后勤保障等应急能力。实战演练通常要在特定场所完成。

6.3.2 按演练内容划分

按演练内容，应急演练可以分为单项演练和综合演练。

1. 单项演练

单项演练是指只涉及应急预案中特定应急响应功能或现场处置方案中一系列应急响应功能的演练活动。注重针对一个或少数几个参与单位（岗位）的特定环节和功能进行检验。

2. 综合演练

综合演练是指涉及应急预案中多项或全部应急响应功能的演练活动。注重对多个环节和功能进行检验，特别是对不同单位之间应急机制和联合应对能力的检验。综合演练的时间持续较长，规模比单项演练大，演练过程要求尽量真实，具有很强的实战意义，演练完成后，要提交正式的书面报告。综合演练的主要目的是检验和评价所有参演单位的协调性和适应能力。

6.3.3 按演练的目的与作用划分

按演练的目的与作用，应急演练可以分为检验性演练、示范性演练和研究性演练。

1. 检验性演练

检验性演练是指为检验应急预案的可行性、应急准备的充分性、应急机制的协调性及相关人员的应急处置能力而组织的演练。

2. 示范性演练

示范性演练是指为向观摩人员展示应急能力或提供示范教学，严格按照应急预案规定开展的表演性演练。

3. 研究性演练

研究性演练是指为研究和解决突发事件应急处置的重点、难点问题，试验新方案、新技术、新装备而组织的演练。

不同类型的演练相互组合，可以形成单项桌面演练、综合桌面演练、单项实战演练、综合实战演练、示范性单项演练、示范性综合演练等[①][②]。

6.4 应急演练相关法律法规和标准

6.4.1 法律

1.《中华人民共和国突发事件应对法》

（1）第二十五条　县级以上人民政府应当建立健全突发事件应急管理培训制度，对人民政府及其有关部门负有处置突发事件职责的工作人员定期进行培训。

（2）第二十六条　县级以上人民政府应当整合应急资源，建立或者确定综合性应急救援队伍。人民政府有关部门可以根据实际需要设立专业应急救援队伍。

县级以上人民政府及其有关部门可以建立由成年志愿者组成的应急救援队伍。单位应当建立由本单位职工组成的专职或者兼职应急救援队伍。

县级以上人民政府应当加强专业应急救援队伍与非专业应急救援队伍的合作，联合培训、联合演练，提高合成应急、协同应急的能力。

2.《中华人民共和国安全生产法》

（1）第二十一条　生产经营单位的主要负责人有组织制定并实施本单位的生产安全事故应急救援预案的职责。

（2）第八十条　县级以上地方各级人民政府应当组织有关部门制定本行政区域内生产安全事故应急救援预案，建立应急救援体系。

3.《中华人民共和国消防法》

第十六条　要求“消防安全重点单位应当制定灭火和应急疏散预案，定期组织演练”。

6.4.2 法规

1.《危险化学品安全管理条例》

第五十条　危险化学品单位应当制定本单位危险化学品事故应急预案，配备应急救援

① 张小兵．对应急演练几个基本问题的思考［J］．河南理工大学学报（社会科学版），2019，20（3）：54－59.

② 李雪峰．提升应急演练实效的分析与建议［J］．中国应急管理，2018（12）：44－45.

人员和必要的应急救援器材、设备，并定期组织应急救援演练。

危险化学品单位应当将其危险化学品事故应急预案报所在地设区的市级人民政府安全生产监督管理部门备案。

2.《使用有毒物品作业场所劳动保护条例》

第十六条 从事使用高毒物品作业的用人单位，应当配备应急救援人员和必要的应急救援器材、设备，制定事故应急救援预案，并根据实际情况变化对应急救援预案适时进行修订，定期组织演练。事故应急救援预案和演练记录应当报当地卫生行政部门、安全生产监督管理部门和公安部门备案。

3.《突发事件应急预案管理办法》

（1）第二十二条 应急预案编制单位应当建立应急演练制度，根据实际情况采取实战演练、桌面推演等方式，组织开展人员广泛参与、处置联动性强、形式多样、节约高效的应急演练。

专项应急预案、部门应急预案至少每3年进行一次应急演练。

地震、台风、洪涝、滑坡、山洪泥石流等自然灾害易发区域所在地政府，重要基础设施和城市供水、供电、供气、供热等生命线工程经营管理单位，矿山、建筑施工单位和易燃易爆物品、危险化学品、放射性物品等危险物品生产、经营、储运、使用单位，公共交通工具、公共场所和医院、学校等人员密集场所的经营单位或者管理单位等，应当有针对性地经常组织开展应急演练。

（2）第二十三条 应急演练组织单位应当组织演练评估。评估的主要内容包括：演练的执行情况，预案的合理性与可操作性，指挥协调和应急联动情况，应急人员的处置情况，演练所用设备装备的适用性，对完善预案、应急准备、应急机制、应急措施等方面的意见和建议等。鼓励委托第三方进行演练评估。

6.4.3 规范性文件或标准

1.《化学事故应急救援管理办法》

第七条 化工企事业单位的主管领导负责本单位的化学事故应急救援工作。可指定医院（卫生所）承担应急救援任务。

其主要职责：

（1）制订本单位化学事故应急救援预案。

（2）建立专职或兼职的工程救援、医疗救护、运输、治安等救援队伍。

（3）配备必要的化学事故应急救援装备。

（4）组织队伍的训练与演练，提高队伍救援技能。

（5）开展职工岗位自救互救培训和宣传教育工作。

2.《灾害事故医疗救援工作管理办法》

第二十七条 各级卫生行政部门要制订和落实灾害事故医疗救护人员的培训计划。重点掌握检伤分类、徒手复苏、骨折固定、止血、气管插管、气管切开、清创、缝合、饮用水消毒等基本技能，并定期举行模拟演练，达到实战要求。

3.《国务院安委会关于进一步加强生产安全事故应急处置工作的通知》

（略）

4.《国家安全监管总局办公厅关于贯彻实施〈生产安全事故应急预案管理办法〉的通知》

（略）

5.《国家安全监管总局办公厅关于进一步加强矿山救援培训工作的通知》

（略）

6.5 应急演练的协同

救援演练协同联动就是要求参演单位必须遵循灵活机动的原则，以现场演练任务需求、危险变化特点以及救援现场环境发展趋势为依据，科学指挥各参演单位，有效整合救援演练资源，有计划实现各参演单位配合互助，服务现场救援任务，形成有力的协调联动能力，充分发挥现场救援效能。

6.5.1 演练组织的内部冲突

在应急演练中，目标的顺利实现，需要组织成员和各组织之间，建立良好和谐关系，互相支持，协调一致。但实际上，由于组织间、成员间各种差异的存在，对不同任务和规范有不同的理解、认识和行为处理，再加之组织内外部压力共同作用，必然造成行动的不一致或不相容。

冲突就是为了价值和对一定地位、权力、资源的争夺以及对立双方为使对方受损或被消灭的斗争。冲突是指人与人、群体与群体之间由于存在利害关系，或争夺一定的资源产生激烈对立的社会互动方式和过程。演练是多个部门联合行动，各部门对救援物资、技术、信息以及保障需求不同且复杂，常常造成救援保障陷入捉襟见肘的状态。逐渐暴露出在处置突发事件时，保障力量缺乏，人员素质不高，应急装备、物资储备准备不充分，运输体系和保障体系不完善等问题，在一定程度上影响了救援水平的发挥，这些大量反复出现的问题的本质是部门间的组织冲突造成的。

差异化是冲突的重要来源，个性差异产生的根源主要是价值系统与人格特征不同，表现为组织成员各自独特的背景、价值观念、文化差异，以及持有的不同信念和态度。个性差异往往造成心理的或感情的冲突，通常是无意识的，而这种冲突一旦引起，往往很难消除。在相互依赖程度高的工作中，为实现组织目标，组织成员需要共享资源，进行配合互动，从而使得个性差异引发的组织冲突频率更高，更易造成组织成员在协同行动中对目标认识和行动方案等方面的冲突。

救援组织冲突是客观存在的，应急演练体系必然存在组织冲突，救援指挥体系内部各部门之间、部门与救援队伍之间、救援队伍之间，由于利益上的矛盾或认识上的不一致，会造成冲突。

6.5.2 演练组织冲突的原因

救援演练是联系紧密、依赖程度较高的协同工作，加强有效协同演练，是应急救援效果充分发挥的基础。当各救援队伍间个性差异较小时，对救援目标和方案易形成一致认识。当个性差异大时，会造成各救援队伍间不仅在救援中存在认识分歧，而且也很难接受其他参演单位的意见，必然妨碍救援协同能力的发挥，影响演练方案的执行效果。

（1）救援组织结构不合理。救援组织是一种复杂组织结构系统，层级之间、部门之间工作依赖程度高，既存在紧密的联系和相互作用，也存在权力和资源的差别，这些无疑都是产生冲突的诱发性因素，必然会对协同行动造成影响。救援专业化的不断深入，不但提高了专业化救援水平，也造成了救援指挥层级结构的复杂，不同层级间的信息沟通容易产生迟缓、阻滞和偏差。由于应急演练的复杂性和相关经验不足，在应急体系结构方面还存在部门划分不合理、职责权限不清晰现象，造成各救援力量整合困难，容易诱发组织冲突。

（2）救援演练角色定位的不确定性。救援演练指挥体系按照纵向层次划分和横向职能部门划分，各层次、各职能部门在演练中对自身角色定位的认识具有不确定性。应急组织角色定位的不确定性主要表现在各单位由于承担的演练任务不同，各有其特定任务和职责。当部门划分不合理、职责权限不清晰时，各单位都容易将自身目标放在首要地位，从而产生部门间目标互不兼容、相互干扰，引起组织冲突。由于资源要素稀缺，各单位不可避免地争取扩大自己的职能领域，以提高自身重要性，获取更多的资源要素，进一步引发了演练角色定位的不确定性。角色定位的不确定性直接制约应急救援能力的提升。

（3）单位间沟通不当。沟通中的语义理解困难、信息交流不充分和沟通方式单一化等直接造成了沟通障碍。这些问题会导致合作延迟或产生误解，增加冲突的潜在可能性。缺乏沟通会直接影响各演练参与单位间建立相互信任的良好人际关系，使得救援演练中的协同效应无法有效发挥。缺乏沟通容易造成各单位会根据已有的，带有主观性并伴有一定的情绪色彩的心理定式来解释和预期其他单位的行为，容易造成信息曲解，难以实现各单位间的有效协同。缺乏沟通技巧和能力，不仅会造成执行演练中，由于个性差异等原因扩大各方以过激方式表达不同意见的负面影响，激化组织冲突，而且不顺畅的沟通在一定程度上抑制了各单位的交流动机。情绪性冲突所带来的强烈的负面情绪使各个单位之间回避沟通，强化了原有的主观性判断，加剧了组织冲突。

6.5.3 演练组织的协同联动

演练组织的协同联动包括应急演练目标的一致性、演练单位的共生与合作、协同及沟通机制的建立。

（1）应急演练目标的一致性。完整的应急演练过程是一系列的接续行动，不同的参与单位和成员拥有共同的目标，都是为了抢救生命和把身心伤害降低到最小。各成员或单位各司其职，分别承担不同的工作职责。面临不确定性的应急任务，成员或单位之间围绕共同利益而进行资源交换形成相互支持关系。支持程度与过程本身相互联系，从而使救援演练过程的一些状态发生了积极的改变，并影响救援的有序程度。各成员单位之间的协调、协作形成拉动效应，推动演练共同目标得以实现。

（2）演练单位的共生与合作。在应急演练任务的链条中，每个参演单位都有其核心工作和核心技术，他们构成了一个相互联系的应急救援体系。在应急救援体系中，每一个专业部门都不能缺失，否则协同功能就不会完整。每一个单位或个人都需要同其他单位或人员进行互动。各参演单位的核心工作是现场应急救援和处置，专业核心技术在于搜索和救援，在满足实际救援需求上属于稀缺资源，且可替代性最低。

（3）协同及沟通机制的建立。由于应急演练效果与演练组织间的协同、沟通有极大的相关性，因此，有必要建立健全演练组织间的协调与沟通机制，并且此机制应贯穿整个演练过程。通过建立协同及沟通机制，其意义有以下几点：一是为应急演练提供制度和规则，优化应急演练流程，减少重复工作内容，确保应急演练的有序化；二是可以使演练组织在各自职责范围内发挥最大优势，提供整体的演练效率；三是可以增加各演练组织间的相互了解和沟通，减少误解和冲突，进一步提高演练质量。

6.6 应急演练的常见问题及改进措施

6.6.1 应急演练的常见问题

应急演练是检验、评价和保持应急能力的一个重要手段，可以在突发事件真正发生前暴露预案和程序的缺陷，发现应急资源的不足，改善各个应急部门、机构、人员之间的协调，增强全员应对突发事件的信心和应急意识，提高应急人员的熟练程度和技术水平，进一步明确各自的岗位与职责，提高各级预案之间的协调性和整体应急响应能力。应急预案演练人员的主要工作是通过本身的演练提高预案的执行能力，更好地应对突发事件。

制定应急预案并定期进行演练是为了确保在发生突发事件或紧急情况时，能迅速进行处理，使产生影响降低到最低程度，并确保参与处置人员的人身安全，减少财产损失。部分预案无论在制定、演练等诸多环节都存在：应急预案比较简单、呆板、僵化、未结合实际，演练时组织松散、参与度不够、针对性不强等。这样一旦发生突发事件，预案将失去它应有的作用，后果不堪设想。究其原因主要是在制定之初指导思想存在误区和演练操作不熟练等。

1. 预案内容不够完善

当前，我国针对突发事件制定了很多应急预案，涉及了大部分的突发事件，虽然覆盖范围比较广泛，但还是存在很多问题，没有很好地被完善。例如，我国关于铁路方面的应急措施就有很多，但是在2008年的那场低温雨雪冰冻突发事件中，就凸显出了这种类型的突发事件没有在预案内容中；同时这种情况在别的领域中还出现过，造成这种问题的主要原因就是在制定突发事件应急预案时，相关制定部门没有全面考虑突发事件的可能性，没有将风险评估工作做充分，同时很有可能是没有将突发事件引起的灾害事故严重性重视起来。因此，要想在灾难真实发生时能够有效应对，就必须在风险评估方面以及预案设计方面严格把关，这样才能将损失降到最低。

2. 应急预案的针对性不强、实用性差

虽然我国现阶段制定了很多应急预案还有法律法规，但是很大一部分的预案都具有专项性，还有一些预案只是针对某一部门，造成了每个部门只分析自身情况的现状，导致部门之间没有合作与交流，各个部门属于分散状态，没有统一起来，预案自然也是没有衔接并且不能配合使用。

应急预案与突发事件发生的实际不符，突发事件场景、预案启动条件仅有一个笼统的描述，没有具体详细的说明，使预案的适用面过大，缺乏针对性；处置措施高度概括，缺乏细节，演练人员不清楚具体的操作步骤；人员素质能力不足、评估效果差导致应急演练不能暴露预案中存在的问题，无法为预案的修订提供有效建议。

3. 应急预案的可操作性不足

目前我国制定的预案大部分是文字性的，有很多理论性和原则性内容，但是具有可操作性的内容较少。应急预案的制定就是为了日后一旦突发情况发生，可以很好地按照预案内容实施，因此预案内容缺少可操作性会直接导致实践时出现各种问题。对我国现有的应急预案进行分析，不难发现现阶段应急预案的主要特点是篇幅短内容少且简略，关于具体怎样操作怎样实施的内容明显较少，操作性缺乏就代表着预案失去了原本的意义。因此要想让预案能够发挥重大作用，一定要增强预案的可操作性。有些预案的编制没有针对实际情况进行风险分析和应急调查，而是参考其他同类型预案，由一两个人编写出来。

4. 思想重视度不够

思想上不重视是阻碍应急救援演练质量提高的根本性问题之一。部分领导认为演练解决不了实际问题，即使发生了突发事件，演练也起不到什么作用，所以干脆就不组织演练。还有一些企业的人员认为，演练具有一定的作用，可本企业没有什么重大危险源，出不了什么大的事故，组织不组织演练都可以，即使组织演练也只停留在形式上，很难达到应有的效果。

而事实上，多数单位都能够认识到演练的重要作用，也想通过演练来提高本单位的应急救援能力，但不知道怎么组织演练，甚至没有成立演练筹备机构，只有 1 ~ 2 人全程筹划、组织演练，由于力量薄弱，造成演练方案制定不合理、演练脚本编制不细致、各种人员培训不到位，各种保障准备不充分等，从而导致演练质量不高①②。

为了搪塞和应付上级有关部门的检查，部分预案只是对安全保卫制度中预案条例或上级下发的预案范本进行简单的修改或照搬照抄，没有结合实际，即从所处地理环境、外部治安形势、部门结构特点、安防设施配置等因素去考虑。常常出现外部环境或部门结构已经发生了重大改变，而应急预案仍是老面孔，将“安全重于泰山”当作口号，缺乏足够的思想认识。有些人员心存侥幸心理，认为发生突发事件的概率很低，灾害事故不会发生在自己身上。有一些部门应急预案制定了，放在档案里做做样子，以备相关部门来检查。演练记录也是千篇一律，演练记录中多次出现相同的演练科目、演练过程和演练结果。而且在查阅演练的图片资料及演练视频资料时，往往发现没有演练，甚至多年未组织演练，有演练的也是摆摆样子，走走过场。

5. 演练准备不到位

大多数演练单位都制定了相应的演练方案，但是演练方案并不规范、不具体，缺乏演

① 姜传胜，邓云峰，贾海江，等．突发事件应急演练的理论思辨与实践探索［J］．中国安全科学学报，2011，21（6）：153－159.

② 张微明．应急演练的类型和建议［J］．现代职业安全，2020（12）：39－42.

练脚本，演练方案缺乏实际操作性。部分演练单位甚至不编制演练脚本，缺少对突发事件整体过程以及重要环节的描述等。

演练情景设置过于简单，演练达不到技术要求。演练单位设置的演练情景大都过于简单，比如，建筑火灾事故，只明确火灾位置、火灾大小，而没有详细介绍风向、风速等气象条件和燃烧物质、周围水源、消防通道、易燃物等自然条件，容易导致救援过程简单，救援行动缺乏技术性。另外，部分演练单位举行的演练，多是直接进行现场综合性演练，由于缺少各层次的训练过程，演练往往没有连续性，演练口令不能准确下达，各组的行动也不能熟练配合，容易导致演练质量不高。

虽然建立了应急响应机制，但是缺少应急人员的培养制度和专业的培训师资力量，演练人员未掌握应急救援的专业知识，只能生搬硬套应急预案，不能根据不断变化的灾害事故情境作出准确的判断和应对。专业知识的缺失也导致演练组织形式单一、照搬照抄，演练人员不能正确认识应急演练的作用，导致演练流于形式，不能发挥暴露问题的作用。

6. 演练方案与组织不科学

演练多是按照既定的预案开展，演练内容、演练时间、演练地点都是事先确定的，且演练情境设置过于简单，处置过程过于机械化，没有真实事件发生时的突发性和不确定性，一切都是“规定动作”，把演练变成了“演戏”，影响了演练的真实性，没有发挥出应急演练检验预案、锻炼队伍的作用。

部分单位在演练中往往存在“三乱”：一是演练进程乱，由于没有进行科学调控，一次演练时间过长或临时中断；二是现场车辆调控乱，演练现场既有参演车辆，又有观摩车辆，特别是大型综合性演练，车辆较多，如不能进行科学调控，让观摩车辆乱停乱放，将直接影响演练车辆的进出及停放，妨碍演练顺利进行；三是人员调控乱，特别是大型演练，会有较多的观摩人员，如对人员不严格管控，现场就会一片混乱，分不清哪是演练人员，哪是观摩人员。

此外，相关的情景设置不科学，演练无安全保障。演练情景的设置不但要满足演练需求，还要充分考虑各种安全因素，主要包括演练环境的安全、演练人员的安全、公众卷入的安全、演练车辆通行的安全等，如计划不周、设计不科学，就会假戏真做，直接导致灾害事故发生。在以往单位组织的演练中，发生车辆、火灾、爆炸等事故的不乏其例。

7. 演练评估效果差

应急演练是验证应急预案的适用性，检验应急管理人员突发事件应对能力，发现预案中存在问题并持续改进的重要手段，边演练边整改，以练促改，不断提高应急预案质量。但是，目前很多单位都是按照事先制定的程序安排应急演练。例如，领导宣布启动应急响应后，参演人员按照程序操作，最后领导点评，并以“演练取得圆满成功”等表扬、肯定性评价结束整个演练，没有真正达到通过应急演练查找薄弱环节、总结经验教训、改进应急管理工作、提高应急处置能力的目的，一旦该种演练多次重复，参演人员就会认为这是走过场、走形式，演练的实效性将大打折扣。

虽然建立了演练评估机制，但是由于专业知识的缺失，评估人员仅能根据个人工作经验和既定的评估检查表对演练过程、人员表现、预案适用性进行点评，缺少灵活性，评估效果受限于人员的经验水平，不能正确反映演练人员的真实水平和演练效果。同时，评估人员来自演练单位内部，思维具有局限性。

8. 应急演练与应急预案脱节

《突发事件应急演练指南》规定，应急演练是依据有关应急预案，模拟应对突发事件的活动；应急演练的目的之一即是检验预案是否具有科学性和可操作性，应急演练方案与脚本应依据应急预案编制。但在实践中，应急演练的设计并未依据应急预案，甚至完全丢掉应急预案另起炉灶，应急演练内容与应急预案完全脱节。造成应急演练与应急预案脱节的原因有两种：其一是应急演练的设计方把演练理解为了一种独立的活动，甚至是与应急预案无关的活动；其二是应急预案内容不符合应急指挥、救援与处置实际，演练无法依据预案展开。

6.6.2 合理完善应急演练的具体措施

1. 重视场景、创新方式

为了避免应急演练走过场、重形式，切实发挥其应有作用，达成预期目的，应提高危机意识，重视应急演练，将应急演练立足于打实战，越真越好。

1）应急演练不应事前通知

在没有事先准备的情况下，突然按下消防警铃，模拟突发事件发生，可以看出各单位人员在真实紧急情况下的应急处置水平，能真实地暴露出应急演练存在的问题和不足，改进和提升现有应急救援能力水平。

2）借助道具，增加模拟场景真实度

只有让参演者身临其境，才能产生救援急迫感，倘若再发生类似险情，才能做到心里有底，不至于手忙脚乱。近年来，随着 VR（Virtual Reality，虚拟现实）技术的发展，可以将 VR 技术与应急演练结合起来，将突发事件现场模拟到虚拟场景中去，人为制造各种事件情况，组织参演人员作出正确响应，既能真操实干，又可确保安全。VR 技术配合应急演练具有仿真度高、针对性强、安全性高、演练成本低、安全性好等特点，作为一种新型应急演练方式，可进行推广。

3）不断创新应急演练方式、方法，提高参演人员热情

组织参演人员开展“消防知识趣味运动会”，将枯燥的应急演练趣味化，让参演人员在轻松的环境下，既学到了知识又达到了演练目的；还可以灵活使用桌面推演和实战演练方式，从不同角度发现应急演练存在的问题，即使针对同一应急演练主题，每次开展演练也应有所侧重，避免“演练年年搞，年年都一样”现象出现。

2. 应急演练与预案协调统一

为了发挥应急预案对突发事件的指导作用，同时，通过应急演练对应急预案不断进行检验、完善，使两者相互协调统一，建议从三方面入手。

1）突出应急预案的针对性、可操作性

应急预案编制应在充分分析风险隐患，评价现有人力、物力和能力的前提下，编制适合自身实际的应急预案，而不应该照搬、照套网上模板，杜绝“照猫画虎”“依葫芦画瓢”情况出现。

另外，应急预案内容应尽量简明扼要地阐述应急处置方法，删减不必要的内容，最好

采用图文并茂的形式，方便理解、记忆和执行，提高应急预案的针对性。同时，在应急预案的编制过程中，除了听取应急预案专家和领导的意见，还应反复听取现场人员、预案执行部门人员的意见，紧密结合实际，使应急预案的各个环节、要素、程序都具有针对性、可操作性，正确指导突发事件应急救援工作。

2）加强对应急预案的培训、考核

培训内容包括应急联络流程、应急处置程序和应急救援知识等。培训要有针对性，对可能发生的突发事件开展针对性培训，既要培训理论知识，又要进行实操培训，切实掌握应急处置方法、程序。另外，所有应急处置人员都应该掌握必要的急救知识，例如人工呼吸法、胸外心脏按压、创伤止血包扎技术、中暑急救、中毒急救等，以备不时之需。

3）应急预案与应急演练有机结合，相辅相成

应急演练的重要目的是检验应急预案的有效性，这就要求应急预案与应急演练要紧密结合，按照应急预案的要求进行，在应急演练中查找应急预案中存在的问题，进而完善应急预案，使两者相辅相成，提高实用性和可操作性。在一次应急演练中，必须按照应急预案要求，针对应急预案中的部分内容开展应急演练，当发现应急预案与应急演练存在问题时，及时修正应急预案。在每次应急演练结束后，要及时总结本次应急演练是否达成预期目的，应急演练过程中存在何种问题，应急演练与应急预案是否符合、适宜等，并不断完善应急预案①。

3. 组织演练评估

结合实际做好应急演练的评估、总结工作，提高应急演练的实效性，应从以下三方面开展。

（1）组织开展应急演练评估总结会。应急演练结束后，演练组织单位应组织相关人员召开应急演练评估总结会，全面、系统地了解应急演练情况，分析演练中暴露出的问题，评估演练是否达到了预定目标，提出后期完善改进意见，编写应急预案演练总结评价表。

（2）规范应急演练评估程序。依据《生产安全事故应急演练评估规范》（AQ/T 9009—2015）对应急演练评估的内容、方法与工作程序作出较详细的规定，参照规范要求，开展应急演练评估工作，制定应急演练评估总结报告模板。每次应急演练应设定可量化的目标，如响应时间、被困人数、获救人数，并且随着应急演练的不断深入，提高要求。

（3）应急演练评估应保证闭环管理。应急演练评估的目的是通过评估发现应急预案、应急组织、应急人员、应急机制、应急保障等方面存在的问题或不足，进而提出改进意见或建议，并总结演练中好的做法和重要经验。应急演练评估必须保证闭环管理，发现问题和不足应落实到整改责任人，限定期限完成整改，并体现到应急预案上。

总之，应急演练活动是检验应急管理适应性、完备性和有效性的最好方式，定期开展应急演练，不仅可以强化相关人员的应急意识，提高参与者的快速反应能力和实战水平，

---

① 张小兵，张然，解玉宾. 我国应急演练管理研究新进展［J］. 中国安全生产科学技术，2016，12（10）：68－73.

而且可以暴露出应急预案和管理体系中的不足，检测制定的突发事件应变计划是否可行。同时，有效的应急演练还可以减少应急行动中的人为错误，降低现场应急资源和响应时间的耗费。因此，应不断改进应急演练，创新应急演练方式方法，提高应急演练的实效性，提升应急处置能力，降低损失。

【本章重点】

1. 应急演练的意义包括提高应对突发事件的风险意识，检验应急预案的可操作性和增强突发事件应急响应能力。

2. 开展应急演练的主要目的是检验预案、完善准备、锻炼队伍、磨合机制、宣传教育，进而提升整个应急管理系统。

3. 按组织形式，应急演练可分为桌面演练和实战演练。按演练内容，应急演练可以分为单项演练和综合演练。按演练的目的与作用，应急演练可以分为检验性演练、示范性演练和研究性演练。

4. 应急演练常见问题有预案内容不够完善，应急预案的针对性不强、实用性差，应急预案的可操作性不足，思想重视度不够，演练准备不到位，演练方案与组织不科学，演练评估效果差和应急演练与应急预案脱节。

【本章习题】

1. 如何划分突发事件应急演练？哪种演练最需要重点考虑？
2. 论述合理完善突发事件应急演练的具体处置与救援措施。
3. 当前我国应急演练中存在哪些突出问题？如何改进和完善？

7 应急演练准备

突发事件给人们不论在精神上还是在身体上、财产上都造成了严重的伤害和损失，并且严重危害着环境安全以及社会安全。为了能够科学、有效地应对突发事件，我国颁布了相应的法律法规，各相关部门也作出了应对突发事件的准备措施，即各部门保持时刻准备、时刻预防的状态，将所有可能发生的突发事件消灭在萌芽状态。

案例导入

为有效防范重特大事故风险，提高中国石化及所属各级单位应对突发事件的处置能力，2022 年 11 月 25 日，中国石化 2022 年火灾爆炸事故应急演练在南京扬子石化举行，这是中国石化集团公司首次进行多点同时发生的事故应急演练。演练采用情景构建方法，以桌面推演为主、现场演练为辅，结合企业应急体系现状和安全生产实际，参考了近年石油石化行业典型事故案例，目的是检验企业在事故初期信息传递和初期应急处置，事故过程中应急指挥、研判决策、资源调度、环境风险控制及舆情应对等方面的应急能力。

此次演练模拟了乙二醇装置精制塔中部再沸器上封头法兰垫片失效发生泄漏，大量环氧乙烷泄漏、着火，导致环氧乙烷精制塔发生爆炸。爆炸产生的飞溅物击中 PTA 联合装置、轻石脑油球罐、工艺外管廊、危化品槽车等，造成多处火灾、爆炸及人员受伤，引发次生环境和社会舆论影响。企业先后启动装置级、厂级、公司级以及集团公司级应急预案，多点协同应急救援、中石化区域联防、企地联动、事故后期处置与现场恢复等事宜。

为圆满完成此次应急演练的承办工作，扬子石化从 3 月份开始着手准备。各部门及生产厂通力合作，按照最严重的火灾爆炸事故情况进行应急演练，对脚本和视频进行多次修改，由原来的单套装置事故预想，逐步扩展到涉及其他装置、球罐、管廊等多个事故场景。正是由于做好了演练准备工作，此次演练最终圆满成功，并取得了预期效果。因此，充分的演练准备工作是演练顺利开展的前提，任何一种形式的演练，都必须提前做好准备工作。

7.1 应急演练组织准备

应急演练组织准备包括应急演练领导小组准备和策划部、保障部、参演部等的准备①。

7.1.1 应急演练领导小组

应急演练通常应成立演练领导小组，负责演练活动筹备和实施过程中的组织领导工作。应急演练领导小组由演练组织单位和协作单位的负责人组成，组长通常由演练组织单位或其上级单位的负责人担任；副组长一般由演练组织单位或主要协办单位负责人担任；小组内的其他成员通常为各演练参与单位的相关负责人。在演练实施阶段，应急演练总指挥、副总指挥分别由演练领导小组组长、副组长担任。在应急演练的筹备过程中，应急演练领导小组既可以就某一问题召开专题会，也可以组织召开多个问题的讨论会，便于节省时间，提高工作效率，加快应急演练筹备工作的进度。

应急演练领导小组的主要职责包括以下几方面。

（1）负责应急演练活动全过程的组织领导工作，审批决定演练的重大事项，包括具体负责审定演练工作方案、演练工作经费、演练评估总结报告以及其他需要决定的重要事项等。

（2）负责明确演练任务，具体包括根据演练需求、经费、资源和时间等条件的限制，确定应急演练的类型、等级、地域、参演单位及参演人员等内容。

（3）负责编制演练经费预算，明确演练经费筹措渠道。

（4）负责演练活动组织领导工作，演练方案编制及评审发布，组织演练脚本的编制，落实参演单位、参演人员、观摩人员，编制演练指南。

7.1.2 策划部

策划部是应急演练中最重要的工作部门，负责演练的总体策划和具体实施工作。主要包括应急演练策划、演练方案设计、演练实施的组织协调、演练结束后的评估总结等。策划部设总策划、副总策划，一般由演练组织单位具有应急演练组织经验和突发事件应急处置经验的人员担任。总策划是演练准备、演练实施、演练总结等阶段各项工作的主要组织者，副总策划协助总策划开展工作。为了提升策划部工作效率，通常设置文案组、协调组、控制组、宣传组、评估组等 5 个小组，具体负责开展各项工作。

（1）文案组。在总策划的直接领导下，负责制定演练计划、设计演练方案、编写演练总结报告以及演练文档归档与备案等。其成员应参与所演练的应急预案的编制工作，应具有一定的演练组织经验和突发事件应急处置经验。

（2）协调组。负责与演练涉及的相关单位以及本单位有关部门之间的沟通协调。其成员一般为演练组织单位及参与单位的行政、外事等部门人员。

---

① 《突发事件应急演练指南》“2 应急演练组织机构”。

（3）控制组。主要负责控制应急演练的进程和方向。即在演练实施过程中，根据总策划的直接指挥，向参加演练的人员传送各类控制消息，引导应急演练的进程和方向，确保演练目标得以实现。其成员最好有一定的演练经验。

（4）宣传组。负责与应急演练相关的宣传工作，主要包括编制演练宣传方案，收集、整理用于宣传报道的演练信息，组织新闻媒体，举行新闻发布会等。其成员一般是演练组织单位及参与单位宣传部门的人员。

（5）评估组。负责设计演练评估方案，对演练准备、组织、实施等进行全过程、全方位评估，并在演练结束后及时编写评估报告，向演练领导小组、策划部和保障部提出意见、建议。其成员通常为应急管理专家或是具有一定演练评估经验和突发事件应急处置经验的专业人员。评估组可由上级部门组织，也可由演练组织单位自行组织。

7.1.3 保障部

保障部是为演练提供各种设备、物资和后勤保障的机构。保障部的任务主要包括：调集演练过程中所需物资装备，购置、制作和布置演练所需道具、场景，协调准备好演练场地，维持演练现场秩序，保障运输畅通，保障参演人员基本生活，做好安全保卫工作等。其成员一般是演练组织单位及参与单位后勤、财务、办公等部门人员。

7.1.4 参演部

参演部是管理参加应急演练的应急救援队伍、应急响应人员、群众演员和观摩人员的机构。主要任务包括：组织应急救援队伍和应急响应人员参加演练、招募和培训群众演员、联系和接待观摩人员。

参演队伍包括应急预案规定的有关应急管理部门的工作人员、各类专（兼）职应急救援队伍以及志愿者队伍等。参演人员承担具体演练任务，针对模拟事件场景作出应急响应行动。参演部根据演练方案，向参演单位下达参加演练的队伍和人数要求。群众演员是用来模拟突发事件中的受害人或可能受影响的人群。参演部根据演练情景设计，负责招募和培训群众演员，让他们能够在演练中更准确地模拟受伤和受影响的人员。观摩人员是指来自有关部门、外部机构以及旁观演练过程的观众。

7.2 制定应急演练计划

演练计划由文案组编制，经策划部审查后报应急演练领导小组批准。演练计划是指对拟举行演练的基本构想和准备活动的初步安排，其内容一般包括演练的目的、方式、时间、地点、日程安排、经费预算和保障措施等。

7.2.1 演练计划的制定原则

应急演练计划的制定必须遵守国家相关法律、法规、规章、标准及有关规定。制定应急演练计划时应结合本地区或单位的实际情况，有针对性地设置应急演练内容，并且制定的应急演练计划应符合突发事件发生、变化、控制和消除的客观规律，注重演练过程，讲求演练实效。应急演练计划应体现充分利用现有资源，努力提高应急演练效益的目标。应急演练计划制定完成后，演练应严格按照计划组织实施。

7.2.2 演练计划的主要内容

应急演练计划的主要内容包括明确演练目的、检验内容、确定演练范围、日程安排、经费预算等5个方面。

（1）明确演练目的。明确举办应急演练的原因、演练需要解决的问题和期望实现的目标等。

（2）检验内容。在对事先设定突发事件的风险及已经编制完成的应急预案进行认真分析的基础上，确定需进行调整的演练人员、需加强锻炼的技能、需着重检验的设备、需及时完善的应急处置流程和需进一步明确的职责等。

（3）确定演练范围。根据演练需求、所需经费、资源、时间等条件的限制，确定拟举行演练的类型、规模、时间、范围、参演机构及人数、演练方式等。演练需求和演练范围往往互为影响。

（4）日程安排。合理安排演练准备与实施的日程计划，包括各种演练文件编写与审定的期限、参演队伍及人员培训的期限、演练所需物资器材准备的期限、演练实施的日期等。

（5）经费预算。根据演练规模，编制演练经费预算，明确演练经费筹措渠道。

7.3 设计应急演练方案

应急演练方案是根据演练计划确定的演练目标和范围，对演练目标、参演应急救援队伍和人员、假定突发事件情景、应急响应行动和评价标准等的总体设计。与演练计划相比，演练方案更具细节化和可操作性。应急演练方案的编制工作由文案组负责，通过评审后经演练领导小组批准，必要时还需上报有关主管单位同意并备案。应急演练方案可以在计算机虚拟推演和实战演练中反复推敲和验证，总结成功经验和不足，并针对暴露出的问题提出修改意见。演练思想上必须重视，突发事件应对中如果只是按个人理解行事、简化处置程序，必将给应急工作留下隐患或增加后续处理难度。每一条应急程序或措施都是多少人费心探索、血泪实践甚至付出生命代价换来的，切不可轻易抛弃。应急演练方案主要包括演练的计划方案、演练的执行方案、演练的评估方案等。

7.3.1 演练的计划方案

根据应对突发事件的类型以及实际情况设置应急演练情景，根据突发事件发生发展规律设置不同阶段的一系列场景，并充分考虑次生、衍生灾害的场景设置。演练的计划方案就是在不同的演练场景中，救援组织的职责分配与协同联动。

1. 编写演练计划方案

应急演练的形式多种多样，在编制演练计划方案时应结合演练的突发事件类型、目的等选择最佳的演练方式，最大限度地确保演练起到应有的效果。演练计划方案编写应完成的主要内容包括：应急演练目的及要求、应急演练事件情景设计、应急演练规模及时间、参演单位和人员的主要任务及职责、应急演练筹备工作内容、应急演练主要程序步骤、应急演练技术支撑及保障条件、应急演练评估方案与总结等。

1）演练条件和细节描述

造成突发事件的原因是多方面的，只有清楚了解和掌握突发事件发生发展过程，才能避免造成更严重的灾难。对突发事件发生和发展、扩大的原因及过程要进行简要描述，使演练参与人员可以据此来理解和叙述执行该种突发事件的应急救援任务和相应的行动防护要求。最好选择比较不利的条件进行演练，比如夜间、低温或者高温环境等，如此有利于应急演练人员的能力提升。但若演练人员或者各项工作准备不充分时，为了检验预案的可行性或为了提高演练人员的技术水平，也可选择条件较好的环境进行演练。

2）演练时间和日程安排

一般根据应急预案的级别、种类不同，对演练的频度、范围等提出不同要求，且最好依照真实突发事件的条件安排演练时间，但在必要情况下，也可以适当延长或者压缩演练时间，以演练需求而定。需要注意的是安排好演练日程后，为了相关单位和个人能够做好充分准备，应提前告知演练各项事宜。

3）演练保障方案

现场模拟演练要在绝对安全的条件下进行，认真做好各项防护措施和安全保障，确保演练的安全性。针对应急演练活动可能发生的意外情况制定演练保障方案或应急预案，相关人员应熟悉保障方案内容、掌握相关应知应会知识和技能，必要时进行演练。演练保障方案应包括应急演练可能发生的意外情况、应急处置措施及责任部门，应急演练意外情况中止条件与程序等。由于演练可能会在一定程度上影响周边居民，必须安排专人告知周边居民，并将居民需要知道的事项一并告知。

2. 模拟推演和论证演练计划方案

由应急演练领导小组开展独立现场模拟抢险救灾推演，根据给定的情节，进行现场判断处理与决策，检验论证演练计划方案，检查计划方案是否符合法律、法规、规章及行业规范的规定。

演练领导小组成员与应急演练专家共同进行计划方案情节设置与角色分配的模拟推演。从演练准备、计划方案编制、情景设置、人员安排、突发事件发生后的报警、接警、资源调度、现场处置、救援资源分配利用以及救援现场情况汇报、各部门之间的相互配合等方面进行考虑，检验应急演练计划方案的可操作性。

3. 制定演练计划方案的实施文件

演练计划方案的实施文件是指导演练实施的执行工作文件，一般包括演练人员手册、演练控制指南、演练评估指南、演练宣传方案、演练执行方案、演练观摩手册等。根据演练类别和规模不同，演练计划方案可以制定一个或多个实施文件，分别发给相关人员。对涉密应急预案的演练或不宜公开的演练内容，还要制订保密措施。

1）演练人员手册

演练人员手册是向参演人员提供的有关演练具体信息及程序的说明文件。其内容主要包括演练背景、组织机构、演练时间、演练地点、参演单位及人员、演练目的、演练情景概述、演练现场标识、演练现场控制及后勤保障、演练规则、演练现场地理位置示意图、安全注意事项、通信联系方式等，但不包括演练细节。演练人员手册可发放给所有参演人员。

2）演练控制指南

演练控制指南是指有关演练控制、仿真和保障等活动的工作程序和职责的说明。其内容主要包括：演练情景介绍、演练事件场景清单、演练场景说明、参演人员及其位置、演练控制规则、演练控制及分工、通信联系方式等。演练控制指南主要供演练控制人员使用。

3）演练评估指南

演练评估指南是对演练方案中的演练目标、评价准则以及评价方法的拓展。其内容主要包括演练情景概述、演练事件场景清单、演练目标、演练场景说明、参演人员及其位置、评估组人员组成及分工、评估人员位置、评估方案及标准、评估表格及相关工具、通信联系方式等。演练评估指南主要供演练评估人员使用。

4）演练宣传方案

主要包括宣传目标、宣传方式、传播途径、主要宣传任务及分工、技术支持、通信联系方式等。

5）演练执行方案

演练执行方案一般采用表格形式，根据应急演练目的，可选择制定应急演练执行方案。主要内容包括：模拟突发事件情景，处置行动与执行人员，指令与对白、步骤及时间安排，适时选用的技术设备、视频画面、视频背景与字幕，演练解说词，其他需要事先准备、设定的内容。

6）演练观摩手册

根据演练规模和观摩需要，可编制演练观摩手册。演练观摩手册通常包括应急演练时间、地点、情景描述、主要环节及演练内容、安全注意事项等。

4. 演练计划方案的评审

对综合性较强、风险较大的应急演练，评估组要对文案组制订的演练计划方案进行评审，确保演练方案科学可行，从而保障应急演练工作顺利进行。综合应急演练计划方案由主办单位的主要领导或分管领导批准。其他应急演练计划方案，报主办单位主要负责同志批准。凡涉及军队和武警部队参与的应急演练，其计划方案应事先征得军方同意，并报上级主管部门批准。

7.3.2 演练的执行方案

演练执行方案是应急演练工作方案的具体操作手册，是对应急演练情景和响应程序进行执行说明的实施文件，帮助参演人员全面掌握演练进程和内容。应急演练的执行方案能够描述应急过程的每个环节，便于组织者、参与者和观看者对应急流程有比较全面的了解，是应急演练的依据。

1. 执行方案的分类

根据不同的分类标准，应急演练的执行方案可以分成很多类别，这就使得最终写成的执行方案从内容到形式都是千差万别的。

1）按事件属性来分

根据突发事件属性来对执行方案进行分类，主要从事件类型、事件级别、是否引发次生衍生事件情景来考虑。例如按事件类型来分，我国把突发事件分成自然灾害、事故灾难、社会安全事件和公共卫生事件四类，每一类里面又可以分出许多小类别，比如自然灾害就包括海啸、地震、干旱、洪水、冰冻、台风等。处理不同事件的部门、技术和应对过程都存在很大差异，因此编写出来的执行方案也是有明显区别的。事件级别不同也会造成执行方案的不同。比如小规模的停电影响范围也相对较小，不需要调动大量人力物力即可得到解决，所涉及的应急部门数量有限。而大规模的停电影响范围较大，通常涉及多个区域多个应急部门的互相协调配合。后者的执行方案因此会比前者复杂很多。

单一事件的演练执行方案与事件链的演练执行方案也是有差别的。比如演练一栋大楼的停电，针对停电这一单一事件的应急方案主要是进行检修，快速恢复供电，同时根据具体情况判断是否需要疏散大楼内的人员。但是停电可能会引起人们在黑暗中的拥挤踩踏，成为一个事件链。那么此时的应急方案就还会涉及消防人员或医疗部门对伤亡人员进行的救助。因此，在编写执行方案时还需要把这些环节也考虑进去。

事件情景也会影响执行方案的内容，这里的情景包括时间、地点和行业。同样是对火灾的应急演练，发生在白天还是晚上，高层建筑还是空旷地区，公共场所还是危化行业，应急过程和采用的技术都有或多或少的差别，当然它们的执行方案也不尽相同。

2）按演练形式来分

应急演练的形式是多种多样的，可以根据演练形式的不同来对执行方案进行分类。单项演练与综合演练相比简单很多，它可以是综合演练的一个组成部分。例如，地震现场工作队承担的任务有地震科学考察、宏观烈度调查、灾害损失评估、建筑物安全鉴定、协助开展地震应急工作等。可以开展的单项演练有现场网络通信能力的演练、设备使用的演练、工作人员野外生存演练等，而灾害评估、科学考察、趋势分析这些工作综合性和经验性较强，不适合开展单项演练，可以结合其他科目进行综合演练。综合演练执行方案在编写时需要更多地注意时间分配的合理性、各项应急工作之间的衔接和应急人员之间的协调等。

桌面演练是指由应急组织的代表或相关人员参加的，按照应急预案及其标准工作程序，讨论紧急情况时应采取行动的演练活动。一般在会议室内举行，其主要目的是解决应急组织相互协作和职责划分的问题，检验信息沟通及在与现场相对隔离的环境下如何决策下一步的行动。实践效果最好的是现场演练，既考验了现场指挥部和各工作小组之间的配合能力，同时也可对应急工作者的应急装备、应急软件等进行检验。现场演练不仅要考虑到天气、场地地形、交通条件等问题，还要考虑对周边居民的影响，避免产生恐慌，要比桌面演练多考虑安全因素，因此编写执行方案时要做好路线规划、集合地确定、行程时间控制等。现场演练成本比较高，不宜频繁进行，而且容易出现理解不到位、沟通不顺畅等问题。与演练方式对应的执行方案也各有特点，在编写时一方面要尽量弥补方式自身的缺点，另一方面要充分发挥其优点。

3）按目的、参与主体、书写方式等进行分类即使是同一个事件，由于演练目的不同，执行方案编写的侧重点也会不一样。例如在停电的应急演练中，这一次演练的目的是加强电力公司、医疗部门、政府部门等各机构之间的协调，下一次演练的目的是增强事故报告阶段、应急响应阶段等各阶段之间的衔接，再下一次关注的是某一个环节中各部门各自应承担的责任。在编写执行方案时就要做到重点突出，把尽可能多的时间留给所关注的地方。

参与主体也可以作为执行方案的分类标准。通常来说应急演练的参与主体包括指挥人员、策划人员、执行人员、评估人员、观摩人员这五类，不同的参与主体有不同的演练目的，至少是侧重点不同。

执行方案还可以按照书写方式来进行分类。书写方式的不同造成执行方案外在形式有所差异，但仅仅是书写方式不同的两个执行方案在本质上是一样的。当演练内容比较繁多的时候，参与主体的执行方案可能并不是最完整的版本，而是只有自己的行动和与自己配合最密切的部门的行动，这一点类似于交响乐团的乐谱。当然只知道自己的行动是远远不够的，必须对全局有一定的了解，才能保证演练顺利进行。

2. 执行方案的编写原则

执行方案是实施应急演练的前提，制定符合客观实际的演练执行方案，要做到四个结合：一是结合应急预案进行编制，要与应急预案相统一；二是结合风险评估结果进行编制，根据风险评估清单，对突发事件的易发地点进行有针对性的设计；三是结合参演人员的素质设置演练情景；四是结合演练场地设置演练情景，有什么样的场地，就要设置符合现场特点的演练情景。应急演练应尽量减少对社会正常秩序和公众正常生活的影响。涉及公众参与的，应在应急演练前对所有参与人员进行培训，加强组织，保证安全。执行方案作为应急演练的执行依据，需要遵循以下编写原则。

1）可操作性

在编写执行方案时，演练情景会涉及较多的具体工作，要注意各工作人员之间的配合，既要使大家都得到演练，明确自己的职责，又要重点突出，提高效率。同时，演练中所需的各项设备或资源必须是可以获得的，模拟情景必须有模拟或替代方案。

2）针对性

应急演练前会确定演练目的，编写执行方案时要根据目的确定演练的主要情景，突出主要场景，设计执行方案中的重点环节，全面考虑该环节的各种细节和可能性，以及该环节各演练参与人员的职责和配合，提高应急演练的针对性。对于一般场景的非重点环节则可以较为简练，做到主题明确，结构清晰。

3）合理性

执行方案的合理性含义广泛，对于时间安排要合理，演练所需要的总时间以及各个阶段所分配的时间并不是随心所欲的，而要根据演练重点和事态发展来进行安排，既要保持连贯性，又要有条不紊。现实中几天的事件可以压缩到几个小时来进行演练。对于参与主体的安排要合理，什么任务由什么部门承担，要与哪些部门合作，都需要经过思考。这样正式演练的时候，参与主体才能各司其职、密切协作，充分发挥自己的作用，提高突发事件应对过程中的处置效率。

3. 执行方案的情景描述

应急演练执行方案的情景描述有五个要素，分别是目的、演练说明、参与主体、事件和行动。

1）目的

在进行应急演练执行方案设计时，首先要明确此次应急演练的目的，把握应急演练执行方案编写的方向，也要让应急演练执行方案的阅读者和应急演练的参与者对演练目的有明确的认识。

2）演练说明

在很多应急演练情景描述中，演练说明非常重要，起承上启下的作用。它交代事件的发展进程和处置的进展，便于观摩者对演练的理解。在有的应急演练情景描述，特别是桌面演练的情景描述里，它甚至替代了部分难以实现的情景。例如在食品安全的演练情景描述里，几十名学生出现恶心、呕吐等症状，这一情景就没有真实的模拟，而是通过导调人员向大家介绍的。演练说明与电影里的旁白有相似之处，都是为了使观众更好地理解，但它们存在很明显的不同。旁白可以揭示人物的内心世界，表达心理活动，而演练说明则是客观描述上一阶段的结果、现阶段的情况和下一步的行动计划。

3）参与主体

在指挥人员、策划人员、执行人员、评估人员、观摩人员这几类参与主体中，指挥人员是整个应对过程的决策人员。执行人员是具体的演练工作的操作人员，包括专业技术人员、医疗救护人员等。保障人员是保障资源、设备等供应的辅助人员。评估人员负责对整个过程进行记录，评价行动和表现与演练标准的差别。观摩人员常常成为应急教育和培训的对象。当然由于演练侧重点不同，这几类参与主体并非都必须出现。例如停电事故演练中，如果目的在于考察各电力公司之间的协调配合，受灾群众就不需要出现。

4）事件

事件是应急演练情景描述中必不可少的要素。应急演练情景描述的开始就会介绍事件发生的背景，随后的每一步行动都是根据事件的发展情况来安排的，应急演练情景描述的最后，事件也会告一段落。

5）行动

行动是所有参与主体的所作所为。一般来说，进行演练所关注的就是行动的效率和效果。在应急演练情景描述中，行动说明与演练说明通常都是穿插的，是整个应急演练情景描述的主体结构。它包括所有的指令、操作、配合、画面等。

4. 执行方案的结构

执行方案的结构可以分为两大类：顺序结构和功能结构。

1）顺序结构

顺序结构是以时间推移为主线来编写的，最常见的形式是以应急的阶段来体现时间的推移和事态的变化。例如第一阶段为事件报告阶段，在得知突发事件发生的消息之后，相关应急人员赶赴现场，并向上级报告有关情况。第二阶段为应急响应阶段，应急工作人员采取必要的措施控制事态发展。第三阶段为事后处理阶段，调查事件发生的原因，总结经验教训，评估处置过程，根据评估结果对相关组织机构或个人进行奖励或问责。当然，根据演练目的，这些阶段都是可以拆分或合并的，如果没有必要也可以直接忽略掉。

2）功能结构

功能结构是按不同的参与主体来编写的。例如在火灾的应急演练中，消防部门负责什么，要采取哪些行动；医疗部门要负责什么，采取哪些行动。每个部门还可以层层细化，分成若干个小组，每一组的职责是什么，甚至可以具体到每一个人。与顺序结构相比，功能结构的好处在于各参与主体的职责权限与行动更为明确，缺点在于整体的流畅与配合不够明显。功能结构的执行方案在编写时首先要确定参与主体的分类，在此基础上加上时间、操作、指令、配合等其他各项内容。

7.3.3 演练的评估方案

演练评估负责人召集有关人员，根据演练总体目标和各参与机构的目标以及演练前事先设定的具体情景事件、演练流程和技术保障方案，商讨确定演练评估的标准和方法，并最终编写演练评估方案。

1. 演练评估的需求分析

按照要求，成立演练评估组织和确定演练评估人员，制定演练评估方案之前，应做好演练评估的需求分析，初步确定评估工作的内容、程序以及拟采取的方法。演练评估的需求分析应依据演练计划方案、演练执行方案等文件进行。通过演练评估，可以检验演练组织单位和参与单位应急体系建设是否完善，应急制度和标准是否健全、应急体系运转是否顺畅；可以检验应急预案在应急状态下的执行情况及其有效性和适用性；可以检验应急人员熟悉应急预案和掌握应急处置措施的程度，在各种紧急情况下妥善处置突发事件的能力；可以检验应急管理相关部门、单位和人员是否熟悉各自工作职责，并能够有效协调联动和相互配合；可以检验应急物资、装备等方面的准备是否充分或满足应急工作需要，进而及时予以调整补充并提高其适用性和可靠性。

2. 选择评估的依据、方式和方法

演练评估的依据包括国家有关的法律、法规、标准及有关规定的要求；演练部门或单位的应急预案；演练部门或单位的相关技术标准、操作规程或管理制度；相关突发事件应急救援或调查处理的材料；其他相关材料。演练评估主要通过评估人员对演练活动或演练人员的表现进行的观察、提问、听对方陈述、检查、比对、验证、实测等获取客观证据的方式进行。根据演练目标不同，可以用选择项、主观评分、定量测量等方法进行评估。一般采用检查记录表和评分表形式，对演练文件以及实施全过程是否满足演练设定要求进行评估和打分，根据评估结果，确定演练中体现的优点和长处，以及演练中发现的问题及不足。

3. 制定评估的内容和标准

演练评估的内容主要包括：目标是否明确，内容设置是否科学、合理；情景是否符合演练单位实际，是否有利于促进实现演练目标和提高演练单位应急能力；演练设计的各个环节及整体流程是否科学和合理；参与人员是否能够以认真的态度融入整体演练活动中，并能够及时、有效完成演练中设置的角色工作内容；对演练中风险是否进行全面分析，并针对这些风险制定和采取有效控制措施。演练评估应以演练目标为基础，每项演练目标都需要设计与之相符合的评估方法和标准。为便于演练评估操作，通常事先设计好评估表格，评估表格的内容包括演练的目标、演练评估方法及标准、相关记录项等。

4. 形成评估方案文本

为提高演练评估工作质量，应形成演练评估方案文本。演练评估方案文本通常包括：演练信息、评估内容、评估标准、评估程序和附件。

演练信息包括应急演练目的和目标、情景描述、应急行动与应对措施简介等。评估内容包括演练准备、演练组织与实施、演练效果等。评估标准包括演练各环节应达到的目标、评判标准。评估程序包括演练评估工作主要步骤及任务分工。附件包括演练评估所需要用到的相关表格等。

5. 培训评估人员

演练组织或策划人员应向演练评估人员介绍演练计划和执行方案以及组织和实施流程，评估人员可依据演练计划和执行方案与演练策划人员进行交互式讨论，明晰演练流程和内容。评估组内部应组织评估人员的培训，培训的主要内容包括演练组织和实施的相关文件、演练评估方案、演练单位的应急预案和相关文件以及其他有关内容。

6. 准备评估材料、器材

根据演练需要，准备评估工作所需的相关材料、器材，主要包括演练评估方案文本、评估表格、记录表、文具、通信设备、摄像或录音设备、计算机或相关评估软件等。

7.4 演练动员与培训

在演练开始前应先进行演练动员，确保所有参演人员掌握演练背景、演练情景事件、演练流程、演练规则和各自在演练中的任务。各级政府有关部门和企事业单位应当采取多种形式开展应急预案的宣传教育培训工作，使参演人员了解应急预案内容，熟悉应急职责、应急程序和应急处置方案，增强突发事件预防、避险、自救和互救能力，提高安全意识及应急处置技能。所有参演人员都需要接受应急基本知识、演练基本概念、演练现场规则等方面的培训与考核。演练控制人员需要接受职责、演练过程控制和管理等方面的培训与考核；演练评估人员需要接受岗位职责、演练评估方法、评估工具使用方法等方面的培训与考核；现场参演人员需要接受应急预案、应急基本技能及个体防护装备使用等方面的必要培训，以保障演练目标顺利实现①。

7.4.1 培训演练现场规则

演练前，必须对所有参演人员进行演练现场规则的培训。演练现场规则是指为确保演练安全而制定的，对有关演练和演练控制、参与人员职责、实际紧急事件、合法性、演练结束程序等事项的规定或要求。演练安全既包括演练参与人员的安全，也包括公众和环境的安全。确保演练安全是演练设计过程中的一项极其重要的工作，设计组应制定演练现场规则，一般包括以下几点：

（1）演练过程中所有消息或沟通必须以“这是一次演练”作为开头或结束语，事先

---

① 《突发事件应急演练指南》“3.3 演练动员与培训”。

不通知开始日期的演练必须有足够的安全监督措施，以保证演练人员和可能受其影响的人员都知道这是一次模拟紧急事件。

（2）参与演练的所有人员不得采取降低保证本人或公众安全条件的行动，不得进入禁止进入的区域，不得接触不必要的危险，也不得使他人遭受危险，无安全管理人员陪同时不得穿越高速公路、铁道或其他危险区域。

（3）演练过程中不得把假想事件、情景事件或模拟条件当成真实的，特别是在可能使用模拟方法来提高演练真实程度的那些地方，如使用烟雾发生器、虚构伤亡事故和灭火地段等，当计划这种模拟行动时，事先必须考虑可能影响设施安全运行的所有问题。

（4）演练不应要求承受极端的气候条件（轻易不要达到可以称为自然灾害的水平）、高辐射或污染水平，不应为了演练需要的技巧而污染大气或造成类似危险。

（5）参演的应急响应设施和人员不得预先启动、集结，所有演练人员在演练事件促使其作出响应行动前应处于正常的工作状态。

（6）除演练方案或情景设计中列出的可模拟行动及控制人员的指令外，演练人员应将演练事件或信息当作真实事件或信息作出响应，应将仿真的危险条件当作真实情况采取应急行动。

（7）所有演练人员应当遵守相关法律法规，服从执法人员的指令。

（8）控制人员应仅向演练人员提供与其所承担功能有关并由其负责发布的信息，演练人员必须通过现有应急信息渠道获取必要的信息，演练过程中传递的所有信息都必须具有明显标志。

（9）演练过程中不应妨碍发现真正的紧急情况，应同时制定发现真正紧急事件时可立即终止、取消演练的程序，迅速、明确地通知所有响应人员从演练转到真正应急。

（10）在指挥者没有启动演练方案中的关键行动时，控制人员可发布控制消息，指导演练人员采取相应行动，也可提供现场培训活动，帮助演练人员完成关键行动。

7.4.2 培训参演人员基本技能

对参演人员基本技能的培训主要是要求参演人员掌握以下“四个一”，即“一图、一点、一号、一法”。

（1）“一图”即逃生路线图。发生重大突发事件后，由于处在弱势地位，参演人员除了抢救身边的伤者这个首要任务外，最重要的任务不是救灾抢险，而是逃生，这是现代应急管理的基本原则，是以人为本的具体体现。既然是逃生，就要事先熟知现场逃生路线，所以每个人一定要利用各种安全活动之机，首先学习掌握逃生路线；应急演练的重要任务也是熟悉这条逃生路线，避免临时抱佛脚，乱了方向，成为“无头苍蝇”。

（2）“一点”即紧急集合地点。紧急集合地点是逃生路线的终点。它的重要作用体现在：紧急疏散后集中到此地，便于应急指挥部门点名，核实参演人员人数，如有缺员，立即寻救。

（3）“一号”即报警电话号码。报警电话有不同的类别和层次，火警“119”、急救“120”是众所周知的，但作为每位参演人员，仅仅知道这两个号码是远远不够的。因为这两个号码在很多时候有点“大材小用”，就像“大炮打蚊子”。这里所说的“一号”，首先是指你所在单位的应急指挥中心的电话号码，以及你的直接上级领导的电话号码，因为发生突发事件后，作为第一发现人，你首先要向直接领导汇报。

（4）“一法”即常用的急救方法。因为发生突发事件后，每个人的首要任务是抢救身边的伤员，所以掌握触电、机械外伤、烧烫伤、中暑、中毒等几种常见的急救方法非常必要的。

7.5 应急演练保障

应急演练保障通常包括参演人员保障、演练经费与场地保障、演练物资和装备保障、通信与安全保障等。根据应急工作需求也应做好其他相关保障措施，如交通运输保障、治安保障、技术保障、医疗保障、后勤保障等①。

7.5.1 参演人员保障

按照演练计划方案和有关要求，参演人员一般包括指挥人员、策划人员、文案人员、协调人员、控制人员、宣传人员、评估人员、保障人员、参演人员等，有时还会有观摩人员等其他人员。在演练准备过程中，演练组织单位和参与单位应合理安排工作，保证不影响相关人员参与演练活动的时间，并通过组织观摩学习和培训，提高参与演练人员的应急响应素质和技能。

7.5.2 演练经费与场地保障

应明确演练经费及承担单位。演练组织单位每年应根据应急演练规划制定相应的经费预算，纳入该单位的年度财政或财务预算，并按照演练需要及时拨付经费。对演练经费的使用情况应做好监督检查工作，确保演练经费专款专用、节约高效。

根据演练方式和内容，经现场勘查后选择合适的演练场地。桌面演练一般可选择会议室或应急指挥中心等在室内开展。实战演练应选择与设定演练事件情况相似的地点，确保演练场地满足演练活动需要，并根据需要设置指挥部、集结点、停车场、接待站、供应站、救护站等设施。演练场地应有足够的空间，同时具备良好的交通、生活、卫生和安全条件，尽量避免影响周边企业和公众的正常生产、生活。

演练场地的关键路线、标识和图纸保障。主要包括：警报系统分布及覆盖范围；重要防护目标一览表、分布图；应急救援指挥位置及救援队伍行动路线；疏散路线、重要地点等标识；相关平面布置图纸、救援力量的分布图纸等。

7.5.3 演练物资和装备保障

明确演练过程中所需应急物资和装备的类型、数量、性能、存放位置、运输及使用条件、管理责任人及其联系方式等内容。演练单位应当按照应急预案的要求配备相应的应急物资及装备，建立使用状况档案，定期检测和维护，使其处于良好状态。根据演练工作需

---

① 《突发事件应急演练指南》“3.4 应急演练保障”。

要，准备必要的演练材料、物资和装备，制作必要的模型设施，明确各参演单位所准备的演练物资和装备。物资和装备保障主要包括信息材料、通信器材、物资设备和演练情景模拟等。

（1）信息材料，主要包括应急预案和演练方案的纸质文本、演示文稿、图表、地图、软件等。完成信息数据库建设，图纸资料、设备台账的电子化，预案编制及审批电子化，构建应急响应资源库，实现电文自动通知、信息及时自动发布，强化应急救援日常工作组织、监督。并以信息数据库、应急响应资源库为基础，融合生产调度、监测监控、人员定位、火灾监测、水文动态监测、通信联络、工业视频等系统，建立应急处置、指挥及演练综合性平台，提升应急指挥整体绩效，为安全生产提供科学有效的技术保障。

（2）通信器材，主要包括固定电话、移动电话、对讲机、海事电话、传真机、计算机、无线局域网、视频通信器材和其他配套器材，演练过程中应尽可能使用已有通信器材。

（3）物资设备，主要包括各种应急抢险物资、特种装备、办公设备、录音摄像设备、信息显示设备等。

（4）演练情景模型，搭建必要的模拟场景及装置设施。

7.5.4 通信与安全保障

在应急演练过程中，指挥人员、策划人员、控制人员、参演人员等之间要有及时可靠的信息传递渠道。根据演练工作需要，可以采用多种公用或专用通信系统，保证演练通信信息通畅。必要时可组建演练专用通信与信息网络，明确可为演练单位提供应急保障的相关单位及人员通信联系方式和方法，并提供备用方案。同时，建立信息通信系统及维护方案，确保应急演练期间信息通畅。

演练组织单位要高度重视演练组织与实施全过程的安全保障工作。采取必要安全防护措施，确保参演、观摩等人员以及演练现场安全。大型或高风险演练活动应按照规定，提前针对本场演练编制专门的应急预案，采取必要的预防措施，并对演练关键环节可能出现的突发事件进行针对性演练。根据需要为演练人员配备个体防护装备，购买商业保险①。对可能影响公众生活、易于引起公众误解和恐慌的应急演练，应提前向社会发布公告，公告内容应包含演练内容、时间、地点和演练组织单位，并做好处置应对方案，避免造成负面影响。

现场应急处置措施必须精准到位。针对可能发生的火灾、爆炸、危险化学品泄漏、坍塌、水患、机动车辆伤害等，从应对措施、工艺流程、现场处置、事故控制、人员救护、消防、现场恢复等方面制定明确的应急处置措施。安全注意事项主要包括：佩戴个人防护器具方面的注意事项；使用抢险救援器材方面的注意事项；采取救援对策或措施方面的注意事项；现场自救和互救注意事项；现场应急处置能力确认和人员安全防护等事项；应急救援结束后的注意事项；其他需要特别警示的事项。

演练现场应采取必要的安保措施，必要时对演练现场进行封闭或管制，保证演练安全

---

① 唐和平．企业应急演练的组织与实施［J］．现代职业安全，2020（12）：20－23.

进行。演练过程中出现意外情况时，演练总指挥与指挥部成员会商后可提前终止演练。

【本章重点】

1. 应急演练组织准备包括应急演练领导小组准备和策划部、保障部、参演部等的准备。

2. 策划部是应急演练中最重要的工作部门，负责演练的总体策划和具体实施工作。主要包括应急演练策划、演练方案设计、演练实施的组织协调、演练结束后的评估总结等。

3. 演练计划是指对拟举行演练的基本构想和准备活动的初步安排，其内容一般包括演练的目的、方式、时间、地点、日程安排、经费预算和保障措施等。

4. 应急演练方案是根据演练计划确定的演练目标和范围，对演练目标、参演应急救援队伍和人员、假定突发事件情景、应急响应行动和评价标准等的总体设计。

5. 应急演练保障通常包括参演人员保障、演练经费与场地保障、演练物资和装备保障、通信与安全保障等。

【本章习题】

1. 应急演练之前都需要做哪些准备？
2. 应急演练的计划包括哪些内容？
3. 应急演练执行方案的编写原则有哪些？
4. 应急演练物资和器材保障包括哪些内容？

8 应急演练的实施

应急演练的实施是指应急演练正式开始至结束的时间阶段，参演单位及人员按照设定的情景，参与应急响应行动，直至完成全部预设演练任务的过程。通过应急演练的实施，不仅可以锻炼参演人员和应急队伍的组织协调、分析判断、决策指挥、战术运用等综合素质能力，同时可以检验应急预案、实施方案和操作规程的针对性、实用性和可操作性，进而提升整个应急管理系统。

案例导入

2023 年 2 月 27 日至 3 月 1 日，河南省消防救援队伍“守护中原·2023”地震灾害救援跨区域实战拉动演练在新乡市举行。郑州、鹤壁、新乡、焦作、濮阳支队地震灾害救援专业队和总队训保支队战勤保障队，共 600 名消防救援人员、104 辆消防车参加演练。

此次演练充分借鉴国际国内地震灾害救援专业队能力评定做法，严密制定“1 + 3”演练方案（总体方案和现场搭建、导调评估、安全管控子方案），抽选 40 名业务骨干组建导调评估组，提前开展师资培训和模拟考核，细化徒步行进、现场作业、综合保障等关键环节标准要求，指导新乡支队紧贴实战搭建作业场地。各参演支队结合实际优化力量编成，配强遂行装备物资，预先开展实战拉动和实操训练，认真做好各项演练准备。

演练设定新乡市发生 7.0 级地震，震中平原示范区建筑倒塌损毁严重，大量人员被埋压，道路交通和公网通信中断。灾情发生后，救援行动按照应急响应、机动投送、现场集结、徒步行进、快速搜救、攻坚救援、总结讲评 7 个阶段有序展开。新乡支队第一时间调派辖区前突力量先期侦察施救，集结重型地震救援队前往处置；总队立即按照地震灾害救援预案启动应急响应，跨区域调派郑州、鹤壁、焦作、濮阳支队地震救援队及总队训保支队战勤保障队赶往增援，总队前方指挥部遂行指挥，后方指挥部在指挥中心协调保障。参演力量抵达集结点后，徒步行进 6 公里，依次完成翻越野山谷、强穿荆棘林、巧过窄涵洞、横渡大河堤等 7 处险隘通行任务；采取野外生存、自我保障方式，连续作业 60 小时，实操展开地下有限空间救援、狭小空间救援、高层建筑坍塌救援等7个科目训练。总队前方指挥部“一部六组”严格对照导调评估细则，紧贴实战模拟演训条件，从难从严实施导调评估，并督促执行安全管控方案，狠抓14个关键环节236项安全措施落实，确保演练质量和安全稳定双丰收。

演练结束时，总队前方指挥部组织召开总结讲评会，复盘演练情况，固化经验做法，查找问题短板，要求参演队伍始终坚持实战牵引，牢固树立问题导向，切实增强极限思维，扎实做好抗大震、救巨灾各项准备。

8.1 应急演练开始

8.1.1 熟悉演练任务和角色

在演练正式开始前，演练组织单位应通过培训让所有人员清楚演练任务和角色，演练现场存在的危险、有害因素和防护措施，通报、警告和通信程序，在紧急情况下如何确定参演人员所在的位置，疏散和避难的职责和程序，一般应急设备的位置和使用方法等内容。

1. 演练前应结合现场需求，深化培训

随着应急救援体系建设步伐的加快，各单位都加大了应急培训和宣传教育工作力度。专业救援机构根据所属单位的安排，担负着应急培训任务，在应急管理人员、兼职救援队员和救援志愿者等的培训中，都安排了应急预案的编制、应急救援知识、应急救援技能等课程，并组织了必要的单项演练。尽管如此，在进行应急演练前，还应组织参演人员进行演练前的专项培训，确保所有参演人员掌握演练规则、演练情景以及各自在演练中的任务。

专业救援机构还应该利用应急演练计划方案和执行方案的审查、演练评价和其他活动机会，协助相关部门搞好应急演练设计、完善应急管理体系。对于参演人员现场的应急救援培训，专业救援机构应结合现场实际，整理应急救援演练科目的实训教材，具体介绍发生各类突发事件时现场人员如何组织撤离，如何开展自救、互救，如何采取措施控制险情等有真实情景设计的内容，并进行必要的科目预演。在质量标准化应急救援项目的检查中，要求相关领导做到启动响应迅速，执行救援程序准确、把握灾害事故处置要点，指挥决策紧张有序。

2. 演练前要精心组织，磨合机制

演练前，利用桌面演练形式，可以提高指挥人员的指挥协调能力和应急演练效果。在桌面演练中，着重检查领导干部的调度指挥，各部门负责人协同联动能力。针对事先设计的演练情景，讨论和推算应急决策及现场处置的过程，以考验指挥人员在掌握好各类突发事件的处置要领的同时，随机应变，熟练运用救灾技术应对各类突发事件。促进指挥人员掌握应急预案中所规定的职责和程序，提高指挥决策和协同配合能力。

在救灾指挥部启动响应前，考察应急指挥部安排的撤人、断电、警戒区、救灾措施、应急物资的调用等内容。考察分析灾区情况，采取的救援措施方法是否具有针对性。考察救援队伍在灾害处理中，采取的处置方法是否正确，采取的停电范围是否合理。演练结束后现场处置措施是否得当等。应急管理的其他部门安排一个负责人参加演练，根据应急指挥部的要求，口述工作安排要点，检验应急管理和应急保障体系的运作机制。演练影响区域的人员采用现场演练，考察现场人员采取组织自救、避灾措施的能力。应考虑减少对正常生产生活影响的同时，保证演练效果。

3. 演练前熟悉演练任务和角色，组织预演

演练时，在救灾指挥部启动响应前，考察调度系统对灾害现场信息的收集是否全面，是否向汇报人员问清现场情况，是否按照预案要求汇报、第一时间通知相关人员情况。组织各参演单位和参演人员熟悉各自参演任务和角色，并按照演练方案要求组织开展相应的演练准备工作，做好参演人员的应急演练预演。

在演练开始前，组织参演人员，分别针对伤员急救常识，灭火器使用、火灾逃生和注意事项，触电紧急处置等内容，对参演人员进行详细讲解，并组织参演人员在模拟灾害事故现场，使用灭火器等装备进行实操练习，使大家进一步熟悉和掌握灭火器等装备的使用要领和注意事项。演练组织人员对演练方案中人员分工、职责、程序等进行讲解说明。为了激发、调动演练人员的积极性，还可通过对参演人员发放奖品激励等手段，使参演人员在学到应急知识的基础上，认识到演练工作的重要性，进而促使其在演练中更加认真投入，提高演练效果。

4. 演练前进行现场检查

演练指挥部的总指挥在演练前要明确演练目的、举办应急演练的原因、演练要解决的问题和期望达到的效果等。演练组织单位应正确认识到，开展应急演练是对应急预案的检验，目的是提高各单位应急处置、避险、自救和互救能力，使各单位熟悉和掌握应急处置程序，了解相应职责，以及应急物资配备和现场急救应注意的防护事项等。开展应急演练工作不能为了完成任务搞面子工程，不能为演而演。应急演练正式开始前，应对参演人员进行情况说明，使其了解应急演练规则、情景及主要内容、岗位职责和注意事项等。确认演练所需的工具、设备、设施、技术资料到位。对应急演练安全设备、设施进行检查确认，确保安全保障方案可行，所有设备、设施完好，电力、通信等系统正常。

演练组织单位必须提高认识，抓好日常的应急管理相关工作，建立完善应急管理工作制度、应急预案体系，设定应急管理工作目标及应急能力建设标准，同时做好应急物资储备等工作。演练前，根据演练情景设置，制定科学调控应急演练进程的实施方案。科学规划场地，确定演练车辆停放区域和观摩车辆停放区域，并划出停车位。根据演练需要确定演练人员、控制人员、模拟人员、评估人员的具体位置，根据场地特点和观摩人员多少确定观摩人员位置，需要转移场地时，要有专人引导和管控观摩人员，并设立标志牌。

8.1.2 演练启动

演练的目的，主要是提高应急救援指挥人员的综合指挥协调能力和应急救援队伍的救援处置能力，检验和完善应急救援预案，提高各部门之间的协同配合能力，使现场参演人员熟练掌握应急救援程序，明确各自应急救援职责，实现人员间或部门间的有效配合等。

演练启动的标准方法是：总指挥按照规定的时间宣布演练开始。如果由领导小组组长担任总指挥，应该熟悉和掌握演练方案的全部内容和执行环节。如果由总策划出任总指挥，对于演练实施十分便利。如果是实战型演练且事先没有通知应急响应人员，总指挥应声明“这是一场演练”，然后启动演练程序。

1. 程序性应急演练的启动

演练正式启动前一般要举行简短仪式，即由演练总指挥宣布演练开始并启动演练。根据应急演练具体目的和选定事件的场景，事先编制应急演练工作方案和脚本。演练时，参演人员根据应急演练脚本[①]，结合各自职能分工，逐条分项推演，熟悉突发事件的应对工作流程，对工作程序进行验证。

2. 考核性应急演练的启动

应急演练总指挥下达演练开始指令后，参演单位和人员按照设定的情景，实施相应的应急响应行动，直至完成全部演练工作。事先编制多场景的应急演练工作方案或相应的脚本，演练时由导调组随机调整演练场景的个别或部分信息指令，使应急演练人员依据变化后的信息和指令自主进行响应，对参演人员应对事件的能力进行考核。

3. 检验性应急演练的启动

事先编制应急演练工作方案，但不事先编制应急演练脚本，应急演练时间、地点、场景由导调组随机控制，演练前只向参演人员通告事件情景梗概，根据导调组给出的信息，依据相关预案、法律法规和自身应急工作经验，充分发挥主观能动性自主进行响应，对参演人员及单位自主应对事件的能力进行检验。

8.1.3 领取任务

接到突发事件报警后，应至少派 2 个应急救援小队同时赶赴事发地点。根据现场情况对救援需求进行初步评估，分析灾情类别、大小、影响范围和严重程度，制定救援或侦察方案及安全措施。突发事件发生后，必须首先组织救援队伍进行现场侦察，探明灾区情况。灾区侦察的主要任务是查明灾害事故原因、危害程度、影响范围，探查灾区环境，抢救遇险人员等。

1. 救援队伍闻警集合

应急救援队伍应集体住宿，值班小队不少于 6 人，24 小时值班。接到召请通知时，电话值班员应立即按下电铃作为预备铃。电话值班员按规定接听和记录召请内容，具体包括：召请单位名称、地点、类别、遇险人数、通知人姓名及单位，出动小队及人数、带队指挥员、记录人、出动时间，立即拉响救援出警警报，并向值班指挥员报告。

60 秒出动，不需乘车出动的，不得超过 120 秒。值班队员听到救援出警警报，立即跑步集合，面向汽车列队，小队长清点人数，电话值班员向指挥员报告事故情况，指挥员简单布置任务后，立即发出上车命令。在值班队出动后，待机队 120 秒内转为值班队，必要时与值班队一起出动。计时方法，自发出救援出警警报起至人员上车后汽车轮转动为止，不需乘车时，为最后一名队员离开着装室止。

---

① 陈安，亓菁晶．突发事件应急演练脚本的编写研究［J］．科技促进发展，2010（9）：31－35.

2. 领取与布置任务

如果在行进途中得知救援召请已经得到处理，救援队伍仍然应当到达事发现场了解实际情况。

救援队伍抵达事发现场，救援人员穿统一的战斗服、携带装备下车。如救援指挥部未成立，先期到达的救援队伍应根据现场具体情况，开展救援工作。

如救援指挥部已成立，救援指挥员应当立即到救援指挥部领取任务。救援指挥员必须了解以下情况：事件发生的时间，事件类别、范围，遇险人员数量及分布，周边影响因素及已经采取的措施；事发区域的居民分布和风向、划定影响区范围，确定该范围内的重要设备、设施等重大危险源；已经到达的和可以动用的救援力量及装备情况。

3. 救援准备

救援指挥员接受任务后，组织灾区侦察，向救援小组下达任务，说明灾害事故情况，完成任务要点、措施和安全注意事项。救援队员应当按照突发事件类别要求带齐基本技术装备，并做好战前检查和救援准备，如正确进行氧气呼吸器战前的自检和互检。

8.1.4 救援组织的灾区侦察

指派救援队进入灾区侦察，发现有严重危及救援队安全情况且难以排除时，应当立即撤出。根据侦察结果对事件进行二次评估，进一步分析灾害类别、大小、影响范围、严重程度和救援安全性。制定应急救援的决策方案，并提出对应的安全技术措施。

1. 侦察是获取救援现场情况的行动

侦察是一种常见的，为获取有关的灾害救援现场情况而采取的行动。事件发生后，灾区侦察工作是救援指挥部制定合理正确的救灾方案的前提条件，也是为灾情调查提供第一手资料的一项重要工作。侦察在指挥决策中起到基础性作用，对指挥决策来说，侦察获取和验证的情报可帮助指挥员制定有针对性和可操作性的救灾方案和安全技术措施，优化救灾力量分配和部署。对应急响应来说，在长时间、大范围的救灾过程中，无论哪一个具体区域的不同时间片段，都需要情报来支持下一步的救灾部署，因为拥有侦察结果就能知彼，就可以灵活机动采取对策，反之则会束手无策，找不到正确的应急时机和要点。对指挥者来说，情报侦察的重要性，就是让广泛的救灾现场通透起来，借助情报就可以做到有针对性的救灾处置，精准有效。

2. 侦察前明确任务

仅仅让指挥员明确侦察任务是远远不够的，必须让所有参与侦察的人员和待机人员都明确侦察任务的重点是什么，要让每位参与侦察的人员清楚事件发生时间、灾害类别、波及范围、目前可能发展到什么程度，尚在灾区人员数量，并对照灾区平面图指出遇险人员大致位置，救援基地位置，灾害事故区域风速、温度、有毒有害气体浓度、建筑、机械设备及现场救援器材种类、数量，以及救援队到达前现场工作人员采取的措施和其他救援队可能到达的时间，同时应告知参与侦察人员的安全注意事项，遇到紧急情况时应采取的措施等。

3. 严密组织

在明确侦察任务和了解灾害事故区域的基本情况后，救援队要制定自己的行动路线、行动计划和安全措施。应设待机小队，并用灾区电话与侦察小队保持联系。只有在抢救人员的情况下，才可不设待机小队，侦察小队进入灾区时，应规定返回时间，并用灾区电话与基地保持联络。如没有按时返回或通信中断，待机小队应立即进入救援。

行动路线是指救援队进入灾区和退出灾区的所经路线。行动路线一定要选择与灾区最近的地点进入，同时应考虑遇险人员最多和遇险人员最有存活希望的地点，通行状况和特征也是要考虑的重要因素。指挥员还要在图纸上标明行进的方向、经过时间，并向侦察小队和待机小队讲清楚，确定行动路线时还要考虑如果退路被堵时应采取的措施。返回时应按原路返回，如果不按原路返回，应经布置侦察任务的指挥员同意。侦察行进中，在道路交叉口应设明显标记，防止返回时走错路线。对道路情况不清楚时，应按原路返回。

行动计划是指救援队进入灾区侦察或作业时应采取的行动准则和灾害事故应急救援措施。侦察时行动计划的内容应有：探明灾害的性质、大小和波及范围；确定需要检测的地点，检测内容包括氧气和有毒有害气体含量、温度、建筑结构稳定性等情况，并做好记录。行进中发现明火应采取有效手段及时扑灭，未扑灭禁止贸然继续侦察，防止退路被断，在只有一条退路时更应该注意此点。发现遇险人员要积极进行抢救，为其配用防护装备和进行其他救援处理，并安慰遇险人员，使其心理状态趋于稳定。同时对于能够进行交流的，应及时向其了解灾害发生时的具体情况，特别是其他遇险人员所在位置。一旦位置确定，指挥员应视情况确定是否有能力对其他遇险人员进行救助，如无能力，应立即将遇险人员救出灾区，并应请求待机小队进入支援，协同救助其他遇险人员。发现遇难人员应逐一编号，并在发现遇难遇险人员的相应位置做好标记。检查各种气体浓度，记录遇难遇险人员的特征，并在图上标明位置。

安全措施是指救援队进入灾区侦察或作业时保证救援人员安全的行动规范和安全注意事项。侦察时安全措施的内容应有：认真仔细做好战前检查工作，确保仪器、装备的完好性。仪器、装备的使用要规范，特别是现场气体成分检测仪器使用，并采集气样带回分析。灭火时，灭火方法和灭火器材的使用方法应合理正确。抢救人员时的方法、措施应得当，防止对伤员造成二次伤害。在行进中要注意暗井、淤泥和支护等情况，对于这些地点，在侦察前就应向有关人员详细了解。进入灾区时，小队长在队伍之前，副小队长在队伍之后，返回时与此相反，并要确定队员与队员之间的位置。进入灾区后，应保持与待机小队的不断联系，并及时将侦察到的各种情况以及小队的状况报告基地指挥员。遇有高温、塌冒、爆炸、水淹等危险的灾区，指挥员只有在救人的情况下，才有权决定小队进入，但必须采取有效措施，保证小队在灾区的安全。在远距离或复杂地点进行侦察时，可组织几个小队分区段进行侦察；小队乘车进入窒息区时，其返回所需时间应按步行所需时间计算。在不能确认某区域有无有害气体情况时，应提前将氧气呼吸器佩戴好。侦察小队没有在规定的时间内返回，待机小队应立即进入灾区接应。

4. 合理分工

侦察中要审时度势、机智灵活、沉着应战。领队指挥员是完成灾区侦察任务的关键人物，必须要有一个清醒的头脑，要有应对突发情况的应变能力，对灾情的发展能作出正确判断，冷静地、灵活地根据规定方案和行动计划解决侦察中遇到的各种问题。他一方面要带领小队按救援队行动计划进行侦察作业，同时还要时刻注意观察灾区内灾情，针对灾情变化随时调整救援队的行动计划，确定下一步的行动；另一方面还要及时掌握队员的身体状况和任务完成情况，及时协调队员之间的工作，确保侦察任务顺利完成。而作为队员，在灾区的一切行动要听从指挥，认真仔细地完成指挥员安排给自己的每项工作，并严格遵守安全措施，同时默契配合队友的工作，发现问题和身体有异常要及时汇报领队指挥员，确保圆满完成侦察任务。

视线不清时可用探险棍探查前进，队员之间要用联络绳联结；侦察所需的仪器装备器材必须根据侦察人员的个人技术业务水平、身体素质进行合理分工。侦察工作应仔细认真，做到灾害波及范围内必查，走过的要签字留名做好标记，并绘出侦察路线示意图。

在窒息或有毒有害气体威胁的灾区侦察和工作时，应做到随时检测有毒有害气体和氧气含量，观察风流变化，佩戴或不佩戴氧气呼吸器的地点由现场指挥员确定。小队长应至少间隔 20 分钟检查一次队员的氧气压力、身体状况，并根据氧气压力最低的 1 名队员来确定整个小队的返回时间。小队长应使队员保持在彼此能看到或听到信号的范围以内。如果灾区工作地点离新鲜风流处很近，并且在这一地点不能以整个小队进行工作时，小队长可派不少于 2 名队员进入灾区工作，并保持直接联系。这里说的合理分工，一是携带，二是操作，如工具要安排身体素质好的队员携带气体成分分析仪器，安排个人技术和视力好的队员进行检测。每件仪器、装备必须要有人负责带入灾区和带出灾区，并指派专人做好各种检测数据的记录。即事事要有专人负责，这样使仪器、装备既容易保管和正确使用，不易丢失、检测准确，又使进入灾区的工作有条不紊，有步骤、有组织开展，避免在工作中造成纰漏。

侦察结束后要尽快向交接任务的领导汇报情况，详细填写侦察记录，并如实地汇报给指挥部。领队指挥员要组织队员对侦察工作中取得的成绩和存在的问题进行讲评，从个人到集体的表现、从任务的完成情况、从出动作战方案制定到侦察全过程，系统地来进行讲评，从中总结经验和教训，并作为资料保存，以利于大家相互学习交流，达到共同提高的目的。每次处置完灾害事故，如果不认真进行总结和分析，找不出经验和教训，在下一次处置灾害事故中就不能避免同样的问题出现，不能把好的经验和教训予以传承，那么再成功的灾害事故处置也都等于失败。讲评从某种程度上来说，也是灾害事故处置的一部分，其意义和重要性不亚于灾害事故处置的过程，而就其作用来说，甚至比灾害事故处置还重要，因为与灾害作斗争的过程，就是不断总结经验和吸取教训的过程，通过经验和教训的积累，会使应急救援能力更加巩固和增强，使救援技巧更加成熟。

8.2 演练过程的控制

演练过程控制是指演练过程中向演练人员传递突发事件的控制信息来推进突发事件情景的出现、引导和控制应急救援演练的进程。演练单位要协调通信、交通运输、医疗、电力、现场秩序维护等方面的应急保障。

8.2.1 实战演练的过程控制

在实战演练中，要通过传递控制信息来控制演练进程。总策划按照演练方案发出控制信息，控制人员向参演人员和模拟人员传递控制信息。参演人员和模拟人员接到信息后，按照发生真实事件时的应急处置程序，或根据应急行动方案，采取相应的应急处置行动。实战演练通常要在特定场所完成。

1. 实战演练的执行

演练执行是指按照应急演练工作方案，启动应急演练，有序推进各个场景，完成各项应急演练科目，妥善处理各类突发情况，宣布结束与意外终止应急演练，并开展现场点评等活动。

演练指挥部负责应急演练实施全过程的指挥控制，实战演练执行主要按照以下步骤进行。

1）信息指令发出

导调人员向参演单位和人员以及模拟人员，按照应急演练工作方案或脚本发出信息指令。导调人员应充分掌握应急演练工作方案、脚本和预案，按照应急演练工作方案或脚本规定程序，熟练发布控制信息，调度参演单位和人员完成各项应急演练任务。

2）信息指令传递

通过传递信息指令来控制应急演练进程。信息指令可以人工传递，也可以用对讲机、手机、无线电等方式传送，或者通过特定声音、标志与视频等呈现。

3）信息指令执行

各参演单位和人员，根据导调信息和指令，依据应急演练工作方案或脚本规定流程，按照发生真实事件时的应急处置程序，采取相应的应急处置行动。

4）信息反馈

模拟人员按照应急演练方案要求，作出信息反馈。应急演练过程中，执行人员应随时掌握应急演练进展情况，并向演练指挥部报告应急演练中出现的各种问题。

5）演练记录

演练实施过程中，一般要安排专门人员，采用文字、照片和音像等手段记录演练过程。文字记录一般可由评估人员完成，主要包括演练实际开始与结束时间，演练过程控制情况，各项演练活动中参演人员的表现，意外情况及处置等内容。尤其要记录可能出现的人员“伤亡”情况及财产“损失”等情况，如进入“危险”场所而无安全防护，在规定的时间内不能完成疏散等。照片和音像记录可安排专业人员或宣传人员在不同现场、不同角度进行拍摄，尽可能全方位反映演练实施过程。

6）演练解说与宣传报道

在演练实施过程中，演练组织单位可以安排专人对演练过程进行解说。解说内容一般包括演练背景描述、进程讲解、案例介绍、环境渲染等。对于有演练脚本的大型综合性示范演练，可按照脚本中的解说词进行讲解。

演练宣传人员按照演练宣传方案做好宣传报道工作。认真做好信息采集、媒体组织、广播电视节目现场采编和播报等工作，提升演练的宣传教育效果。对涉密应急演练要做好相关保密工作。

7）演练的终止与结束

在应急演练实施过程中出现以下情况时，经演练领导小组决定，由应急演练总指挥按照事先规定的程序和指令中断应急演练。参演单位出现真实突发事件，需要参演人员参与应急处置时，立即中断应急演练，使参演人员迅速回归工作岗位，履行应急处置职责。演练过程中出现特殊或意外情况，短时间内不能妥善处理或解决时，可提前终止应急演练。

演练完毕，由总策划发出结束信号，演练总指挥宣布演练结束。演练结束后，所有参演人员停止演练活动，按照预定方案集合进行现场总结讲评或者组织疏散。保障部门负责组织人员对演练场地进行清理和恢复。

2. 演练的协同联动

一旦发生重大突发事件，可以充分利用现有各类应急处置与应急救援资源，形成全社会联动的大应急、大处置、大救援工作格局。提高应急救援能力，不能只局限于本单位，必须协同联动，才能既练组织指挥、练战术动作、练工作程序，同时又练协调配合。通过当地政府或有关部门统一协调，依据有关规定，动员、调动、征用有关人员及物资、设备和器材实现联动，才能最大限度地发挥全社会的应急资源和应急能力的作用。

在演练开始的初期，指挥人员、控制人员、参与演练人员心情比较紧张，演练指挥和控制程序信息的传递时间顺序还没有建立，随着演练的进行很快就会出现归队和自组织现象。

3. 演练的导调

演练的导调是指导演与调度，具有指挥与协调功能。导调中心拥有最高的级别和权限，可以对负责演练的各个指挥小组、现场救灾指挥部、各职能部门、技术支持部门、仿真训练系统和通信联络机构进行多级指挥、调度推送。应急演练应在导调人员的控制下进行。导调人员一般不直接干预参演人员的响应行动，但当与应急演练目的或内容出现较大偏差甚至可能发生某种危险时，则应进行直接干预或中止演练，以保证演练安全、有序进行。

评估组、保障组和所有非参演人员在应急演练过程中，均不得以任何方式干预或影响应急演练。应急演练场景的设计人员以及应急演练工作方案的编制人员，一般不直接参与应急演练，但可作为导调组成员或应急演练评估工作人员。

8.2.2 桌面演练的过程控制

在桌面演练中，参演人员利用地图、沙盘、流程图、计算机模拟、视频会议等辅助手段，针对事先假定的演练情景，讨论和推演应急决策及现场处置，从而促进相关人员熟悉应急预案中所规定的职责和程序，提高指挥决策和协同配合能力。桌面演练通常在室内完成。

1. 桌面演练执行

由总策划以口头或书面形式，部署引入一个或若干个问题。参演人员根据应急预案及有关规定，讨论应采取的行动。在讨论桌面演练中，演练活动主要是围绕对所提出问题进行讨论。桌面演练执行通常按照五个环节循环往复进行。

1）注入信息

执行人员通过地图等多种辅助形式向参演单位和人员展示应急演练场景和突发事件发生发展情况。

2）提出问题

在每个演练场景中，在场景展现完毕，由执行人员根据应急演练方案或脚本提出一个或多个问题，或者在场景展现过程中自动呈现应急处置任务，供应急演练参与人员根据各自角色和职责分工展开讨论。

3）分析决策

根据执行人员提出的问题或所展现的应急决策处置任务及场景信息，组织开展个人思考和组内讨论，形成处置决策意见。

4）表达结果

在组内讨论结束后，各组代表按要求提交或口头阐述本组的分析决策结果，或者通过模拟操作与动作展示应急处置活动。

5）进程推进

各组分析决策结果表达结束后，接着注入新的信息，推动整个应急演练活动依照应急演练方案逐步推进。

6）演练记录

演练实施过程中，一般要安排专门人员，采用文字等手段记录演练过程。

7）演练宣传报道

演练宣传人员按照演练宣传方案做好宣传报道工作。认真做好信息采集、媒体组织、广播电视节目现场采编和播报等工作，提升演练的宣传教育效果。对涉密应急演练要做好相关保密工作。

8）演练的终止与结束

演练完毕，由总策划发出结束信号，演练总指挥宣布演练结束。

2. 桌面演练情景设计

在角色扮演或推演式桌面演练中，由总策划按照演练方案发出控制信息，参演人员接收到事件控制信息后，通过角色扮演或模拟操作，完成应急处置活动。强调临场体验，增强应激心理素质。

以下以企业发生火灾为例进行桌面推演并对可能出现的问题进行讨论。

首先导调分配演练角色：现场工作人员 A、调度室值班员 B、调度室调度员 C、救援队队长 D、总经理 E、安全副总经理 F、总工程师 G、车间主任 H、办公室主任 I、生产副总 J、机电副总 K、后勤副总 L、现场指挥 M、通信联络组长 N、疏散引导组长 O、医疗救护组长 P、后勤保障组长 Q、治安警戒组长 R、当地消防队长 S、上级生产调度 T、工会主席 U、党委书记 V、现场工作当班班长 W、现场工作人员 X、临近区工作人员 Y、职工家属 Z 等。

1）场景一

无论在任何情况下，所有人都有及时报警的义务，现场工作人员 A 报警内容为：调度室，我是现场工作人员 A，现我车间发现火情，烟雾较大。

讨论：现场报警方式、渠道和报警内容。

2）场景二

调度室值班员 B，接到报警后，携带应急包、对讲机立即前往现场（根据单位内部消防工作规定：调度人员在接到报警后，须在3分钟内携带应急包赶到现场，查看火情。应急包内装有如下物品：破拆斧、自救器、防毒面具、步话机、电话、灭火器、灭火毯)，确认火情后及时回复调度室。回复内容为：生产车间棉织品燃烧，发生火情，请求支援。

讨论：验证方式，监控系统、工业电视系统、火灾自动报警系统的作用等。

3）场景三

调度室调度员C立即通知：专职救援队队长D、总经理E、安全副总经理F、总工程师G、车间主任H、办公室主任I、生产副总J、机电副总K、后勤副总L等。通知总经理E的内容为：总经理E，我是调度室调度员C，现生产车间发生火情，请您到调度室进行指挥。通知救援队队长D内容为：生产车间发生火灾，消防队立即到调度室领取救援任务。

讨论：通知人员的范围、先后顺序、召请应急队伍的程序等。

4）场景四

总经理E接到火灾报警后要立即赶到调度室，决定按照火灾应急预案启动应急响应，成立应急指挥部及其现场指挥部。并迅速通知指挥部成员和以下人员：当地消防队长S、上级生产调度T、工会主席U、党委书记V、现场工作当班班长W、现场工作人员X、临近区工作人员Y。各单位快速作出响应。调度室调度员C通知内容为：我是调度室调度员C，现生产车间发生火情，已按照火灾应急预案启动应急响应，火灾应急指挥部已经成立，应急指挥部相应领导小组迅速就位，承担应急预案规定的救灾责任和使命。各部门经理回复：明白，本部门立即执行火灾应急预案。

讨论：现场工作当班班长W、现场工作人员X、临近区工作人员Y应该如何行动。

5）场景五

总经理E组成以总经理E为总指挥、主管安全的副总经理F、总工程师G、生产副总J为副总指挥的应急指挥部。根据火灾应急预案内容，下列各组迅速到位并开展工作。现场指挥M：负责现场扑救火灾、及时向救援指挥部汇报现场情况。通信联络组长N：保障单位内外通信畅通，协助传递救灾信息指令。疏散引导组长O：负责疏散所属区域人员，安抚人员情绪，清点人员数量，加强内部治安防范，协助人员疏散，向指挥部报告人员疏散情况。医疗救护组长P：配合急救中心抢救受伤人员，与急救中心核实受伤人员就诊地点，确认受伤人员身份，配合将受伤人员送往医院。后勤保障组长Q：协调各救灾小组开展工作，提供救灾物资、设备、后勤保障、应急运输等。治安警戒组长R：警戒外围区域、维护内部治安，警戒人员立即加强外部警戒，设置警戒区域，严禁无关人员进入，保证消防通道畅通。调度室调度员C通知车间主任H内容为：我是调度室调度员C，根据总指挥命令，要求工程部停止火灾区域供电、供气等。车间主任H回复：明白。总指挥E通知救援队队长D的内容为：我是救援指挥部总指挥E，现生产车间发生火灾，我命令你救援队队长D和你的救援队迅速组织人员，按照应急预案的程序和规定，赶赴生产车间进行灭火。救援队队长D回复：救援队明白。

讨论：消防救援队如何接领救灾任务，各单位如何开展救灾部署等。

6）场景六

救援队队长D向现场指挥M汇报情况：灾区侦察已经结束，生产车间棉织品燃烧，发生火灾，火势已经蔓延、难以控制，火势较大，有进一步引发附近油库发生火灾或爆炸的可能，请求支援。总指挥 E 通知现场指挥 M 的内容为：我是应急指挥部总指挥 E，当地消防队长 S 正在赶来的路上，上级生产调度 T 已经扩大应急响应范围，车间主任 H 已经停止了着火区域供电、供气。希望现场指挥 M 遵从火灾发展规律，精准研判火灾发展形势，做好现场监测和检测分析，保护好救灾人员的人身安全，努力战斗，等待增援，随时报告情况。现场指挥 M 回复：现场指挥 M 明白。

讨论：油库设置的安全距离有哪些规定。

7）场景七

治安警戒组长 R 带领治安警戒小组到达外围各出入口后向指挥部报告：治安警戒人员已经到位，已经设置警戒线，正在疏散车辆，清理消防通道保障畅通，但厂外车辆无法清除；同时，有群众和职工家属 Z 要强行进入厂区，为避免拥挤踩踏事故发生，请求当地公安派出所支援维持秩序，方便人员进行疏散。总指挥 E 的报警内容为：我是棉纺厂应急指挥部总指挥 E，我单位位于 XX（地址），于今天上午 10 点 40 分发现生产车间棉织品燃烧发生火灾，现场秩序比较混乱，占用消防通道车辆无法清除，请求帮助维持现场救灾秩序。

讨论：除了公共部门，企业还应该与哪些单位保持救灾协议。

8）场景八

现场指挥 M 报告内容为：火区现场火势难以控制，疏散人员已经基本完成，现场工作当班班长 W 怀疑现场工作人员 X 被困生产车间避难室，要求开启应急广播及相关设备进行人员生命支持。调度室调度员 C 立即启动应急广播及正压送风设备、环境监测系统，与现场工作人员 X 进行联系，并把车间平面布置图、消防设施平面图发给现场指挥 M。总指挥 E 通知现场指挥 M 的内容为：现场指挥 M，安保人员已经引导当地消防队队长 S 入场，一起研究消防措施和现场工作人员 X 的抢救方案；启动了应急广播及正压送风设备，已经向当地医院的医疗急救中心请求支援。现场指挥 M 回复：现场指挥 M 明白。

讨论：避灾路线和避难间设置，安全出口和消防通道设置的规定等。

9）场景九

现场指挥 M 报告内容：报告总指挥 E，消防水源中断，消防车只能接力供水，当地警察已经到位，正在协助疏散公共区域人员、车辆，维护公共区域秩序。总工程师 G 和车间主任 H 查找消防供水和消防水箱的设计问题、施工问题、工程维护问题，寻找替代解决问题的办法。

讨论：现场救灾的具体方案有哪些，救灾前应进行哪些救灾装备检查。

10）场景十

各相关部门负责人接到调度通知后，立即到达各自岗位，并向指挥部电话报告：已经汇报完火灾基本情况及单位水源情况，正在开展火灾扑救及解救被困人员工作；车间内相对封闭，火灾烟雾浓度较大，消防供水不足，如何避免发生爆燃或者爆炸现象。总指挥 E 通知现场指挥 M 的内容为：检测气体浓度，控制火场稳定供风和排烟设备运行情况，必要时后撤安全距离。现场指挥 M 回复：明白。总指挥 E 通知治安警戒组长 R 的内容为：严格执行火场禁入规则，控制火场人员数量，清理和组织人员后撤。治安警戒组长 R 回复：明白。

讨论：爆燃或爆炸的产生条件。

11）场景十一

现场工作人员 X 被困生产车间避难室，条件恶化，新风供应停止，通信中断，消防人员后撤，车间主任 H 已到位、办公室已到位、后勤保障已到位、医疗救援已到位。总指挥 E 通知现场指挥 M：单位兼职消防队和志愿消防队已经到位，疏散引导组开始行动组织员工进行疏散，现场指挥 M 研究排烟方案。各部门到位后立即工作，随时向指挥部通报情况。

讨论：如何判断现场工作人员 X 的生存条件。

12）场景十二

单位兼职消防队和志愿消防队对所属区域进行疏散时强调：大家使用防毒面具从东西北三侧通道疏散，采用低姿势撤离，撤离时不要拥挤，不要贪图财物，疏散人员要逐一对房间进行检查确认无遗漏后在房门上画“V”。疏散引导组长 O 报告内容：总指挥 E，已将员工疏散完毕，各房间已检查完，无遗漏人员。总指挥 E 回复：收到。

讨论：厂区常年或季节性风向及烟雾扩散规律问题。

13）场景十三

医疗救护组长 P 组织抢救人员，外协医院接到通知后立即组织医务人员携带抢救器具配合抢救伤员，将受伤人员直接送往医院。医疗救护组长 P 报告总指挥 E 内容：目前发现火灾中受伤人员共 20 人，已全部送往医院。总指挥 E 回复：收到。

讨论：现场医疗急救包括哪些内容。

14）场景十四

车间主任 H 找到了消防供水的开启条件，但通信系统发生故障，无法传递应急信息。总指挥 E 通知通信联络组长 N：恢复或启动备用通信方式。通信联络组长 N 回复：明白。

讨论：通信方式的可靠性问题，最简易可靠的联络方式。

15）场景十五

通信联络组长 N 启动备用方案，车间主任 H 启动消防供水的开启条件，现场指挥 M 改善了火场供风条件，启动了排烟系统，火势得到了控制。车间主任 H 工作内容为：保障消防设备设施用电及供水，控制现场机电设备，关闭可能引发安全事故的电气设备。通信联络组长 N 工作内容为：通信联络组已经启动备用方案到位并开始工作，目前各电话线路畅通。工会主席 U 或党委书记 V 在招待所负责安抚客人、家属和新闻记者的情绪。工会主席 U 或党委书记 V 回答媒体和群众关切内容为：请大家不要惊慌，火势已经得到基本控制。

讨论：如何与媒体打交道，实现舆情的有效控制。

16）场景十六

现场指挥 M 已经完成灭火工作，检查火场防止复燃，同时解救现场工作人员 X，相关部门已做好各自工作，火灾扑灭后，现场指挥 M 组织编写火灾应急救援报告，成立事故调查组，开展事故原因调查工作。指挥部总指挥 E 向上级领导报告火灾情况。上级领导指示内容：与救治医院联系，全力抢救受伤人员；保护火灾现场，协助相关部门做好火灾原因调查工作；统计受伤人员具体情况，做好受伤人员及家属的安抚工作；按照相关法律、法规要求，按时上报火灾事故报告；成立善后处理领导小组，一定要做好善后工作；保证单位内部安全稳定。

指挥部总指挥 E 回答：明白

讨论：善后工作领导小组应该按什么标准善后处理安慰受伤人员。

指挥部的桌面演练，由于虚拟事件类型、地点随机选择、救灾指挥的表现好坏直接影响安全质量标准化应急救援部分的考核成绩，这些都给担负指挥任务的同志增加了一定的心理压力，正好贴近了真实的应急状态，借此检验应激状态下指挥人员的心理素质。

8.2.3 应急演练的现场急救

1. *应急演练现场急救的特点与工作目标*

为保证现场应急救援工作的有效实施，必须对救援现场的所有应急工作实施统一的指挥和管理，建立统一的指挥系统，形成清晰的指挥链，以便及时地获取信息、分析和评估态势，确定救援的优先目标，决定如何实施快速、有效的救援行动和保护生命的安全措施。指挥和协调各参演单位应急力量的行动，高效地利用可获取的资源，确保应急决策的正确性及应急行动的整体性和有效性。

1）现场急救的特点

现场应急救援是一项具有严峻挑战的工作，应该对应急救援工作中各种复杂情况作出足够的估计，制定随时应对各种复杂变化的相应方案。

（1）属地化为主。不确定性和突发性是各类突发事件的共同特征，大部分突发事件都是突然爆发，爆发前基本没有明显征兆，而且一旦发生，发展蔓延迅速，甚至失控。因此，要求应急行动必须在极短的时间内，在灾害事故的第一现场作出有效反应，在产生重大灾难后果之前，采取各种有效的防护、救助、疏散和控制事态等措施。

为保证迅速对事件作出有效的初始响应，并及时控制住事态，应急救援工作应坚持属地化为主的原则，强调现场的应急准备工作。包括建立全天候的昼夜值班制度，确保报警、指挥通信系统始终保持完好状态，明确各部门的职责，确保各种应急救援的装备、技术器材、有关物资随时处于完好可用状态，制定科学有效的突发事件应急预案等措施。

（2）高度专业性。应急活动的复杂性主要表现在突发事件影响因素与演变规律的不确定性和不可预见的多变性以及众多来自不同部门参与应急救援行动的单位，在信息沟通、行动协调与指挥、授权与职责、通信等方面的有效组织和管理以及应急响应过程中现场人员的反应和恐慌心理、公众过激等突发行为的复杂性等。

应急活动的复杂性另一个重要特点是现场处置措施的复杂性。重大突发事件的处置措施往往需要较强的专业技术支持，包括易燃、易爆、有毒危险物质，矿山井下，受限空间的复杂危险环境等事故处置，对每一行动方案、监测以及应急人员防护等都需要在专业人员的支持下进行决策。因此，针对应急救援的专业化要求，必须高度重视建立和完善专业应急救援力量、专业检测力量和专业应急技术与信息支持等的建设。

（3）时间紧迫性。突发事件虽然是小概率事件，但后果一般比较严重，影响易猝变、激化和放大，能造成广泛的社会影响。应急处理稍有不慎，就可能改变突发事件的性质，使平稳、有序、和平状态向动态、混乱和冲突方面发展。引起突发事件波及范围扩展，卷入人群数量增加和人员伤亡与财产损失后果加大，猝变、激化与放大造成的失控状态。不但迫使应急响应升级，甚至可导致社会性危机出现，使公众立即陷入巨大的动荡与恐慌之中。因此，应急处置必须坚决果断，而且越早越好，以防止事态扩大。

为尽可能降低时间的后果及影响，减少导致的损失，要求应急救援行动必须做到迅速、准确和有效。所谓迅速，就是建立快速的应急响应机制，迅速准确地传递灾害事故信息，迅速地调集所需的大规模应急力量、设备和物资等资源，迅速地建立起统一指挥与协调系统，开展救援活动。所谓准确，要求有相应的应急决策机制，能基于灾害事故的规模、性质、特点、现场环境等信息，正确地预测灾害事故的发展趋势，准确地对应急救援行动和战术进行决策。所谓有效，主要指应急救援行动的有效性，它在很大程度取决于应急准备的充分性与否，包括应急队伍的建设与训练，应急设备（设施）、物资的配备与维护，预案的制定与落实以及有效的外部增援机制等。

2）现场急救的工作目标

灾害事故现场应急救援的总目标是通过有效的应急救援行动，尽可能地降低灾害事故的后果，包括人员伤亡、财产损失和环境破坏等。

（1）抢救遇险人员。立即组织营救遇险人员，组织撤离或者采取其他措施保护危险区域内的其他人员。抢救遇险人员是应急救援的首要任务，在应急救援行动中，快速、有序、有效地实施现场急救与安全转送伤员，是降低伤亡率、减少灾害事故损失的关键。由于重大突发事件发生突然、扩散迅速、涉及范围广、危害大，应及时指导和组织群众采取各种措施进行自身防护，必要时迅速撤离出危险区域或可能受到危害的区域。在撤离过程中，应积极组织现场人员开展自救和互救工作。

（2）迅速控制事态。迅速控制事态，并对事件造成的危险进行检测、监测，测定危险区域、危险性质及危险程度。及时控制住造成灾害的危险源是应急救援工作的重要任务，只有及时地控制住危险源，防止灾害继续扩展，才能及时有效地进行救援。特别是发生在特定场所的各类灾害事故，应尽快组织现场应急救援队伍控制事态发展，避免次生和衍生灾害的发生与扩展。

（3）消除危害后果。消除危害后果，做好现场恢复工作。针对事件对生产生活系统、监测系统、通信系统等造成的破坏，在发展态势得到基本控制的条件下，尽早恢复灾害破坏的各系统。首先恢复监测和检测系统，改善抢险救灾条件，对危险源迅速采取封闭、隔离、消杀、监测等措施，防止对人员造成危害和减少对环境的污染，及时清理废墟和恢复基本设施，将现场恢复至相对稳定的状态。

（4）评估危害程度。查清灾害事故原因，评估危害程度。灾害发生后应及时调查发生的原因和灾害性质，评估出危害范围和危险程度，查明人员伤亡情况，做好原因调查，并总结救援工作中的经验和教训。

2. 应急演练现场急救的控制方法

应急救援现场的空间区域按照危险程度大小，划分成不同的区域。空间域，一般按照危险程度红、黄、绿进行区分。红色代表热区，是灾害核心危险区域，属高度危险，在该区域进行人员搜救任务，即使是专业人员未经许可也不得进入。黄区代表温区，是危险区域，应急救援人员、现场指挥部一般在这个区域活动。该区域与灾害核心区域保持近距离接触，支持核心区的救援工作，危险区域严格控制和隔离外围无关人员进入，避免造成不必要的人员伤亡。绿色代表冷区，是灾害影响区，救援的支持和保障部门一般设在该区域，属于较低危险区但可能受到一定影响，该区域的社会公众一般要临时疏散，待核心区域受控、紧急情况解除后公众才可返回，避免灾害扩大波及影响更多的人员。科学合理设置三个区域不仅有利于灾害事故救援，同时还能够最大限度地保护社会公众安全，并把疏散影响范围控制在合理的时空领域内，不至于盲目扩大疏散范围，引发公众恐慌及造成不必要的严重社会影响，影响社会稳定。

1）警戒线控制法

警戒线控制法是指由参加现场处置工作的人员对需要保护的重大或者特别重大的事发现场站岗警戒，防止非应急处置人员与其他无关人员随意进出现场，干扰应急处置工作正常进行的特别保护方法。在重特大灾害现场或其他相关场所，根据灾害的性质、规模、特点等不同情况或需要，应安排公安机关的警察、保安人员或企业事业单位的保卫人员等应急参与人员实施警戒保护。对于范围较大的灾害现场，应从其核心现场开始，向外设置多层警戒线。

在灾害事故现场设置警戒线，是为了保证处置工作顺利进行，使应急人员在心理上有一种安全感，同时避免外来的未知因素对现场安全构成威胁，也可以避免现场可能存在的各种危险源危及周围无关人员的安全。在警戒线的设置范围上，应坚持宜大不宜小，保留必要的警戒冗余度以阻止现场内外人、物、信息的大规模无序流动。在实践中，普遍的做法是设置两层以上的警戒线，由内向外、由高密度向低密度布置警戒人员。这种警戒线表面上是虚设的，但是这种虚设的警戒线至少在心理上可以让处置人员产生一种安全感，从而高效地投入救援工作。警戒线的设立也可以使大部分外部人员或围观群众自觉地远离灾害事故现场，从而为应急处置创造一个较好的外部环境。

2）区域控制法

在有些事件的应急处置过程中，可能点多面广，需要处置的问题比较多，处置工作必然存在优先安排的顺序问题。也可能由于环境等因素的影响，需要对某些局部区域采取不同的控制措施，控制进入现场的人员数量。区域控制建立在现场概览的基础上，即在不破坏现场的前提下，在现场外围对整个事件发生环境进行总体观察，确定重点区域、重点地带、危险区域和危险地带。

现场区域控制遵循的原则是：先重点区域，后一般区域；先危险区域，后安全区域；先外围区域，后中心区域。具体实施区域控制时，一般应当在现场专业处置人员的指导下进行，由事发单位或事发地的公安机关指派专门人员具体实施。

3）遮盖控制法

遮盖控制法实际上是保护现场与现场证据的一种方法。在灾害事故的处置现场，有些物证的时效性要求往往比较高，天气因素的变化可能会影响取证和检材的真实性。有时由于现场比较复杂，破坏比较严重，再加上应急处置人员不足，不能立即对现场进行勘查、处置，因此需要用其他物品对重要现场、重要物证和重要区域进行遮盖，以利于后续工作的开展。

遮盖物一般多采用干净的塑料布、帆布和草席等物品，起到防风、防雨、防日晒以及防止无关人员随意触动的作用。应当注意的是，除非万不得已，一般尽量不要使用遮盖控制法，防止遮盖物沾染某些微量物证或检材，影响取证以及后续的化学物理分析结果。

4）以物围圈控制法

为了维持现场处置的正常秩序，防止现场重要物证被破坏以及危害扩大，可以用其他物体对现场中心地带周围进行围圈。

一般来讲，可以使用一些不污染环境、阻燃隔爆的物体。如果现场比较复杂，还可以采用分区域和分地段的方式进行。

5）定位控制法

有些灾害现场由于死伤人员较多，物体变动较大，物证分布范围较广，采取上述几种现场控制方法，可能会给事发地的正常生活和工作秩序带来一定的负面影响。这就需要对现场特定死伤人员、特定物体、特定物证、特定方位和特定建筑等采取定点标注的控制方法，使现场处置有关人员对整体事件现场能够一目了然，做到定量和定性相结合，有利于下一步工作的开展。

定位控制一般可以根据现场大小和破坏程度等情况，首先按区域和方位对现场进行区域划分，可以有形划分，也可以无形划分，如长条形、矩形、圆形和螺旋形等形式。每一划分区域指派若干现场处置人员，用色彩鲜艳的小旗对死伤人员、重要物体、重要物证和重要痕迹定点标注。根据现场应急处置的需要，在此基础上开展下一步的工作。

8.2.4 第一目击者开始的生命链演练过程控制

生命链是针对现代社区、生活模式而提出的以现场第一目击者为开始，至专业急救人员到达进行抢救的一系列生命救护活动而组成的链。生命链强调抢救的争分夺秒，越早实施，效果越好。具体过程可以分为 4 个环节：早期通报、早期心肺复苏、早期心脏电除颤、早期高级生命支持。

1. 早期通报

第一目击者原意是心脏骤停发生后，现场第一个作出反应，采取急救行动的人，这个人不专指医生，可以是患者身边的任何人。

1）创伤病人死亡的 3 个峰值期

第一峰值期发生在伤后数秒至数分钟，特重度生命器官损伤，即刻死亡占外伤死亡的 50%；第二峰值期发生在伤后数分钟至数小时，较严重生命器官损伤，创伤抢救强调黄金一小时，死亡多因抢救不及时所致，早期死亡占总外伤死亡的 30%；第三峰值期发生在伤后数周内，感染毒血症、多器官功能衰竭等，后期死亡占外伤死亡总数的 20%。前 10 分钟的现场急救是提高生命抢救成功率的关键，在专业医疗人员到达之前，现场急救需要目击者及时参与，其时效性大于其后的专业抢救。

2）创伤现场救护原则

创伤现场救护原则是快速反应、救命第一、紧急对症、边救边送。第一目击者应掌握人工呼吸、心肺复苏、止血、包扎、固定、搬运等技能。现场急救是使用徒手和无创技术，简单迅速抢救伤员。专业救援队员应将急救常识和现场急救基本处理技术的培训纳入每年的复训中，并进行考核。

3）创伤现场急救流程

立即终止损伤，包括切断电源、解除热源、去除压砸物、对跳楼行为劝阻和接应等。抢救有毒有害气体中毒伤员，救援人员应佩戴或使用防护装置，将中毒人员迅速抬到通风良好的安全地点进行抢救；抢救溺水伤员时，应将溺水者移送安全、通风、保暖的地点，清除口鼻内的异物，确保呼吸道通畅；抢救触电伤员时，应立即切断电源，防止救援人员触电；抢救爆震伤员时，应将伤员运到安全、通风地点，立即清除口腔、鼻腔内的异物，保持呼吸道通畅；抢救烧伤伤员时，首先应使伤员迅速脱离灼热物体及现场，尽快设法以就地翻滚、按压、泼水等方法扑灭伤员身上的火，力求缩短烧伤时间；抢救昏迷伤员时，应将伤员运到安全、通风、保暖的地方，使其平卧，可针刺或指掐人中等穴位，促使其苏醒。注意要迅速转送伤员至医院进行救治。

2. 早期心肺复苏

心肺复苏技术实施的黄金时间是 4 分钟。心肺复苏技术的步骤首先是检查患者清醒程度：无反应，呼叫救援；有反应，迅速检查伤势及呼救。其次畅通气道，检查呼吸：无呼吸，打开气道；有呼吸，维持气道通畅及呼救；气道不通畅，清除异物；气道通畅，检查颈动脉。再次检查颈动脉：有搏动，施行人工呼吸；无搏动，施行心肺按压术。

3. 早期心脏电除颤

心脏电除颤技术操作的目的是用较强的脉冲电流通过心脏来消除心律失常，使之恢复窦性心律。

4. 早期高级生命支持

对于第一目击者来说，早期的高级生命支持包括止血、包扎和固定。

【本章重点】

1. 应急演练的实施是指应急演练正式开始至结束的时间阶段，参演单位及人员按照设定的情景，参与应急响应行动，直至完成全部预设演练任务的过程。

2. 演练过程控制是指演练过程中向演练人员传递突发事件的控制信息来推进突发事件情景的出现、引导和控制应急救援演练的进程。

3. 应急演练现场急救的控制方法包括警戒线控制法、区域控制法、遮盖控制法、以物围圈控制法、定位控制法等。

4. 从现场第一目击者开始的生命链具体包括：早期通报、早期心肺复苏、早期心脏电除颤、早期高级生命支持。

【本章习题】

1. 应急演练启动的目的是什么？
2. 桌面演练执行有哪些环节？
3. 应急演练现场急救的控制方法有哪些？

9 应急演练的评估、总结与改进

目前我国各地常年组织开展各种类型的应急演练，但是不少地方举行的应急演练形式大于内容，没有起到通过演练实践检验与优化应急预案的真正作用。为此，需要规范定期开展应急演练，注重应急演练准备过程，建立应急演练评估机制，及时总结评估应急演练及预案缺陷，提出改进措施和建议，形成应急演练评估总结报告，建立预案评估机制。

案例导入

沙场点兵、以练促战。2022 年 6 月 1 日，江西省举行了“江西应急·2022”灾害事故应急救援综合演练。这是江西有史以来规格标准最高、联动部门最全、队伍规模最大、演练科目最多的一次综合演练。演练模拟全省遭遇极端异常天气，全省大部分地区遭遇短历时集中特大暴雨袭击，导致赣州大余县江西下垄钨业有限公司樟斗尾矿库出现漫顶溃坝险情；宜春袁州区发生山洪、泥石流、滑坡险情，导致乌山村部分房屋、道路被冲毁，人员被困“孤岛”，四方井水利枢纽工程滑坡点有蠕动迹象；南昌地铁 2 号线生米南车辆基地出入段挡水围挡被冲毁，积水倒灌致 201 次列车紧急制动，乘客被困且有多人重伤昏迷；九江江新洲出现崩岸、泡泉群、堤防漫溢等重大险情；石油化工企业电源故障致某装置循环冷却系统失效、设备超压、油气泄漏，发生火灾爆炸。

演练中，5 个演练场地针对 5 类不同险情，分别展开尾矿库漫坝险情应急处置、山洪地质灾害处置、城市地铁被淹应急处置、堤防险情应急处置、危化品泄漏火灾处置等行动，演练全程采取实兵、实装、实景、实训，全方位展示了监测预警、响应启动、紧急出动、机动投送、调度指挥、协同救援和大规模人员转移等关键环节，模拟效果身临其境、指挥体系运转高效、处置行动迅速灵敏。

7 月 28 日下午，江西省应急管理厅组织召开“江西应急·2022”灾害事故应急救援综合演练总结评估报告论证会，总结经验、查找不足、补齐短板，推动综合演练成果转化应用。会上，大家集中观看了“江西应急·2022”灾害事故应急救援综合演练剪辑短片；评估组汇报了演练总结评估情况；5 位与会专家从各自专业领域，现场发表或书面提交意见和建议；其他与会同志纷纷结合演练工作体会作了发言。会议要求，要进一步完善总结评估报告，充分吸纳各位专家的意见和建议，科学总结经验、系统查找不足、着力改进提升，更全面、更精准、更务实抓好灾害事故应急救援综合演练总结评估工作；要进一步推动演练成果转化，认真总结梳理综合演练中的经验做法、特色亮点，指导推进尾矿库事故处置手册完善、“中国应急·九江号”运维队伍建设、航空应急救援特勤队组建、专项应急预案修订、应急演练工作指南编制、装备技术推广应用、应急管理宣传教育等方面工作；要进一步提升应急救援能力，深入贯彻落实习近平总书记关于应急管理重要论述，始终坚持人民至上、生命至上，不断完善军地、政企、跨区域和部门等应急联动机制以及应急救援力量体系建设，全面提升各类灾害事故防范应对和指挥处置的水平。

“居安思危，思则有备。”当前我们仍然需要在实训演练中不断改进优化，不断地进行总结和完善，从而全面提升突发事件应对能力。

9.1 应急演练的评估

演练评估是指在全面分析演练记录及相关资料的基础上，对比参演人员的表现和演练方案中所设定的目标要求，对演练活动及其组织过程作出客观评价，并编写演练评估报告的过程。演练组织实施情况的收集可以通过在演练结束后组织评估会议、填写演练评价表、对参演人员进行访谈等方式，也可以要求参演单位提供自我评估总结材料。

所有应急演练活动都应进行演练评估。有关部门应加强对主管、监管的行业、领域应急预案演练的检查和评估。应急管理部门会同有关部门组织对本级人民政府有关部门和下级人民政府及其有关部门组织的应急预案演练情况进行检查和评估，也可以委托第三方进行应急预案演练评估。

9.1.1 演练评估的目的及依据

1. 演练评估的目的

对每次应急演练均应进行评估，应急演练评估的目的主要包括：

（1）发现应急管理单位应急体系建设是否完善，应急制度和标准是否健全、体系运转是否顺畅。

（2）发现应急预案在应急状态下的执行情况及其有效性和适用性。

（3）发现应急人员熟悉应急预案和掌握应急处置措施的程度并在各种紧急情况下妥善处置突发事件的能力。

（4）发现应急管理相关部门、单位和人员是否能熟悉各自工作职责，并能够有效协调联动和相互配合。

（5）发现应急物资、装备等方面的准备是否充分或满足应急工作需要，进而及时予以调整补充并提高其适用性和可靠性。

总的来说，进行演练评估是为了发现应急预案、应急组织、应急人员、应急机制、应急保障等方面存在的问题或不足，提出改进意见或建议，并总结演练中好的做法和优点。

2. 演练评估的依据

应急演练评估遵循“实事求是、科学考评、依法依规、以评促改”的原则。在评估时主要依据以下内容：

（1）有关法律、法规、标准及有关规定和要求。

（2）演练活动所涉及的相关应急预案和演练文件。

（3）演练单位的相关技术标准、操作规程或管理制度。

（4）相关突发事件应急救援典型案例资料。

（5）其他相关材料。

9.1.2 演练评估的内容

1. 演练的绩效分析

对于演练实施主体而言，提升应急演练绩效需从目的认识、体系建构、过程把控等方面作出系统性努力。

1）目的认识

全面认识应急演练。应急演练本质是对突发事件的响应，可理解为回答问题，强调对突发事件处置规范的探索或最坏结果的模拟仿真。应急演练的根本目的是提升突发事件应急处置能力。

对每一位参演人来说，演练结束后，进行反思，总结经验教训，才能实现突发事件应对能力提升的目的。演练实施的专家跟踪与评价，也会起到重要作用。对于一个应急组织来说，通过演练系统地发现问题和不足，提出改进措施，并落实改进工作，才能提升应急组织突发事件的应对能力。根据抽签顺序，按照指挥部下达的任务书，各单位依次进行闻警集合、准备、灾区侦察、应急救援、善后处置、急救包扎等演练科目，评估人员根据完成情况、标准程度、处置能力、安全防护等内容给出定性和定量评价。

应急演练是应急演练准备、实施、评估反思、提升改进多个环节的有机统一。不能为了演练而演练，应通过应急演练形成突发事件处置的标准规范、支撑平台和简明适用的操作程序或指南。

2）体系建构

不同的应急演练类型有不同的作用。应急演练可用来检验预案的功能和实效，但难以通过一场演练检验应急预案的全部功效，预案演练关键是做好对预案功能的分割与组合。在进行应急演练规划时，应注重选择合适的演练方式，通过桌面演练、实战演练等多种演练方式的组合使用，科学合理地提升应急能力。

分析式桌面演练，强调决策方法的学习练习，通过这个过程来熟悉预案，使参演人员了解最基本的应急形势研判、决策制定、指挥协调等方式方法。递进式桌面演练，模拟突发事件不断发展演化，参演人员要随时做回应与决策，通过这种演练来学习提升时间压力下的应急处置能力。交互式桌面演练，在这种动态交互演练过程中，参演人员与演练导调组开展双向博弈，通过这样的过程创造一个类似于真实突发事件处置的环境，实现仿真模拟应急决策、指挥、协调的效果。演练方式不同强调的重点不同，分析式桌面演练的重点在于训练参演者的系统思维能力，递进式桌面演练的重点在于训练参演者的持续决策能力，交互式桌面演练的重点在于训练参演者的即时响应能力。

实战演练方面，专项实战演练只操练一项处置内容，合成实战演练多种操练在同一时空中进行，综合实战演练多种操练环节有机融合在一起。单项应急演练计划应根据演练目标选择最为合适的演练方式，系列应急演练规划应根据演练目的，遵循先桌面演练后实战演练、先简单演练后复杂演练的顺序，选择最佳的演练方式组合。

3）过程把控

应急演练每个环节都是一个系统工作，应当科学合理组织，确保演练质量和效果。应急演练要与认知、理念、业务能力和经济水平相匹配，应急演练设计应本土化、专业化、品牌化。演练点评对评价整个演练是否适用于突发事件应对起着关键作用，一场演练应从普遍共性问题、个案问题、优点或亮点、演练参与人员评价与反馈等方面进行评价。

完整的应急演练评估由评估规划与准备、观察演练并收集数据、澄清与分析数据、起草总结和报告草案、召开评估总结会议、确认系统改进事项、总结报告与改进计划、跟踪改进实施情况 8 个环节构成。

对于管理人员来说，提升应急演练实效还需要加强顶层设计，完善应急演练管理机制，根据评估意见进行认真总结，找出问题并提出修改建议。

2. 评估的内容提纲

演练评估的内容提纲包括预警与信息报告、紧急动员、监测与评估、指挥和协调、应急处置、应急资源管理、应急通信、公共关系、人员保护、警戒与管制、医疗救护以及现场控制及恢复。

1）预警与信息报告

预警部门和单位应根据监测监控数据变化状况，突发事件险情紧急程度和发展趋势，有关部门提供的信息进行及时预警；建立信息通报系统，并及时通知到有关部门及人员；在规定时间内完成向有关部门和地方人民政府报告突发事件信息程序；能够快速向有关部门或单位通报突发事件信息；当正常渠道或系统不能发挥作用，应能及时采用备用方式和补救措施完成预警和通知的行动；所有人员及部门联系方式均是最新的并联系有效。

2）紧急动员

依据应急预案快速确定突发事件的严重程度及等级；根据事件级别，采用有效的工作程序，警告、通知和动员相应范围内应急响应人员；通过总指挥或总指挥授权人员及时启动应急响应；应能适应突袭式或非上班时间以及至少有一名关键人物不在应急岗位的情况下的应急演练。

3）监测与评估

相关部门在接到突发事件初期报告后，能够及时开展事件早期评估，获取突发事件的准确信息；能够采取措施持续监测突发事件的发展，科学评估其潜在危害；向有关应急组织及时报告事态评估信息。

4）指挥和协调

承担指挥任务的指定人员应负责指挥和控制其职责范围内所有的应急响应行动；现场指挥部能够第一时间成立，选址合理、标志明显并及时进行运作；建立层级指挥体系，各级响应迅速；现场指挥部配备充足的人员和装备以支撑应急行动；采取安全措施保证指挥部安全运转；现场指挥部与指挥中心信息沟通畅通，并实现信息持续更新和共享。

5）应急处置

应急响应人员能够对突发事件状况作出正确判断，提出科学、合理的处置措施；应急响应人员处置操作程序规范，符合相关操作规程及预案要求；应急响应人员之间能够有效联络和沟通，并能够有序配合，协同救援；现场处置过程中能够对现场实施持续安全监测或监控。

6）应急资源管理

应急指挥人员应根据事态评估结果，识别和确定应急行动所需的各类资源，同时联系资源供应方；应急人员能够快速使用外部提供的应急资源，融入本地应急响应行动；应急设施、设备、地图、显示器材和其他应急支持资料足够支持现场应急需要。

7）应急通信

通信系统可正常运转，并能与演练的关键人员建立通信联系，通信能力满足应急响应过程的需求；应急响应行动的执行不会因通信问题受阻。

8）公共关系

所有对外发布的信息均通过决策者授权或同意并能准确反映决策者意图；指定了专门负责公共关系人员，主动协调媒体关系；对事件舆情持续监测和研判，并能对负面信息妥善处置。

9）人员保护

演练过程中应综合考虑各种因素并协调有关方面，以选择适当的公众保护措施；应急响应人员配备适当的个体防护装备或采取了安全防护措施；针对事件影响范围内的特殊人群，采取适当方式发出警告和采取安全保护措施。

10）警戒与管制

关键应急场所的人员进出通道受到管制；合理设置了交通管制点，划定管制区域；有效控制出入口，清除道路上的障碍物。

11）医疗救护

应急响应人员对受伤害人员采取有效先期急救；及时与场外医疗救护资源建立联系求得支援，并通知其准确赶赴指定地点；医疗人员应能够对伤病人员伤情作出正确诊断，并按照既定的医疗程序对伤病人员进行处置。

12）现场控制及恢复

评估事件对人员安全健康与环境、设备及设施方面的潜在危害，制定针对性的技术对策和措施，降低事件影响；对事件现场产生的污染物能够有效处置；划定安全区域，有效安置疏散人员并提供后勤保障；现场各项保障条件能够满足突发事件处置和控制的基本需要。

9.1.3 演练评估的程序

应急演练评估通常包括成立评估组织、选择评估方法、制定评估方案与标准、演练评估实施、演练评估总结、编制演练评估报告六个步骤。

1. 成立评估组织

1）评估组

根据要求，成立演练评估组，并确定评估人员。评估组成员可以是应急管理方面的专家，或是具有一定演练评估经验和突发事件应急处置经验的专业技术人员。规模较大、演练情景和参演人员较多或实施程序复杂的演练，可设置多级评估，并确定总体负责人及各小组负责人。评估组负责对演练准备、组织、实施及其安全事项等进行全过程、全方位的跟踪评估。演练结束后，及时向演练单位或演练领导小组及其他相关专业工作组提出评估意见、建议，并撰写演练评估报告。

评估组组长应充分地参与评估，熟悉演练的计划、政策、程序和目标；突发事件指挥系统以及演练的决策制定过程；与演练相关部门的协调问题。此外，评估组组长应具备应急管理能力，以检查评估组成员在应急演练过程中的表现；还需要具备一定的分析能力，从而保证对演练过程中被检验的目标有一个充分而精确的分析。

2）演练评估人员

评估组组长负责指导评估人员的招募、分配和训练工作。主要工作内容包括：决定需要招募评估人员的数量；确定评估人员必须具备的专业技术；在演练前训练和指导评估人员。

（1）招募评估人员。招募的评估人员主要由邻近地区的突发事件应急管理机构人员、应急处置机构的人员、地方或者国家相关机构的代表等组成。被招募的评估人员应该具有被分配的观察领域方面的工作经验和专门的技术。例如，指挥和控制、消防、紧急医疗服务等领域。当制订关于招募评估人员的计划时，负责演练的相关单位应该考虑做一个长期规划，用来发展和维持一个受过训练的评估人员的组织，这个组织的评估人员可以定期参加演练评估计划。

（2）指导训练评估人员。评估人员的训练必须至少在演练开始的前一天进行。训练必须涉及演练的所有方面。主要包括：对演练目的和目标的了解；对演练模拟事件的了解；对参与人员的了解；对评估人员角色、职责和分配的了解等。评估人员的训练也应该包括关于观察技巧的培训，例如需要观察什么，记录什么，怎样使用演练评估指导等。为了提高观察的有效性，评估人员必须训练做到以下几点：当参演者到达的时候处在被指定的位置；到达一个比较容易观察参演者活动的位置但是避免影响他们的活动；集中观察和评估指导相关的活动和任务，以确保演练目标被完成；做清晰并且详细的记录，包括发生的次数和顺序；避免提示参演者或者回答参演者的问题。

3）召开评估人员会议

在演练开始之前，评估组组长应该组织有关控制人员和评估人员召开会议，用来核实他们的角色、职责和分配，确保评估人员理解提供给他们的信息里列出的所有事项，并且提供所有重大更新（模拟事件的变动、重新分配等）、当地的地理情况和当地的应对机构等。通过开会，给评估人员提供一个提问的时间，从而保证他们对角色和职责的完全理解，以便评估人员有效地完成他们的任务。此外，对于实战演练，这个会议还包括演练地点的浏览，以便评估人员熟悉那些地点并且知道应该在哪里给自己定位，从而能更容易地观察演练。

2. 选择评估方法

演练评估主要是通过对演练活动或参演人员的表现进行观察、提问、听对方陈述、检查、比对、验证、实测来获取客观证据，比较演练实际效果与目标之间的差异，总结演练中好的做法，查找存在的问题。

演练方案中的每一项演练目标都需要设计合理的评估方法及标准。根据演练目标的不同，可以用选择项（例如，是/否判断，多项选择）、评分（例如，0—缺项、1—较差、3——般、5—优秀）、定量测量（例如，响应时间、被困人数、获救人数）等方法进行评估。

3. 制定评估方案与标准

在演练评估实施之前，评估组需编制相应的评估方案。评估方案的内容通常应该包括：

（1）概述：包括演练模拟的灾害事故名称、发生的时间和地点、过程的情景描述、主要应急行动等。

（2）评估目的：阐述演练评估的主要目的。

（3）评估内容：介绍演练准备和实施情况的评估内容。

（4）信息获取：主要说明如何获取演练评估所需的各种信息和资料。

（5）评估实施：演练评估工作的组织实施过程和具体工作安排。

（6）附件：包括演练评估所需相关表格（包括演练目标、评估方法、评估标准和相关记录项等）等。

4. 演练评估实施

根据演练评估方案安排，评估人员提前就位，做好演练评估准备工作。演练开始后，评估人员通过观察、记录和收集演练信息以及相关数据和资料，观察演练实施进展及参演人员表现等情况，及时记录演练过程中出现的问题。根据收集、整理的演练现场观察和记录资料，依据制定的评估标准，逐项对演练内容进行评估，并及时记录评估结果。

1）观察演练和收集资料

（1）桌面演练。桌面演练一般使用分组会议的方式。使用分组会议的方式，便于构筑情景并提出讨论问题。在桌面演练中，每个小组都必须有评估人员或者笔记记录员出席，以便评估人员能集中选择和演练目标相关的问题，而笔记记录员能集中记录常规的讨论问题。虽然独立的评估人员被分配到一个选定的小组内来记录讨论的内容，但是所有评估人员应该获取关于相互交叉的问题的信息①。因此，在各小组会议进行之后，整个组织通常是重新集合来讨论所有主要问题、交叉问题或者在分开的小组讨论期间有冲突的建议。

（2）实战演练。在实战演练中，要提前将评估人员分配在可以收集有用数据的位置，小心地跟踪和记录参演者的行动。在演练结束后，根据评估人员记录的信息，分析活动和任务是否得到顺利地执行，目标是否顺利实现。在观察演练期间，评估人员必须对所观察到的内容作出准确的文字记录。为此，他们应该考虑通过使用适合他们特点的方式来记录数据，例如笔记本或便携式的录音机。

① 《生产安全事故应急演练评估规范》（AQ/T 9009—2015）“5. 4 选择评估方式和方法”。

观察演练并且收集资料时，评估人员要把握好自己的角色。他们是一个旁观者和局外人，记录事实情况而不干扰进行中的活动。作为旁观者，评估人员经常会被参演者察觉，谦虚、专业、友好的表现可能使他们更容易被接受。然而，在演练过程中，如果评估人员对演练人员某些活动有疑问的话，评估人员通常需要与演练人员进行适当的沟通，建立与他们的和谐关系，从而作出准确的评估。

最后，在演练结束后应该立即举行评估人员和演练人员的交流会。这个交流会为评估人员提供了澄清要点或者收集缺失信息的机会。评估人员通过与参加演练人员的讨论以及通过参加演练人员的反馈表收集额外的资料，从而补充他们缺失的资料，这次会议应该在演练之后立即举行，通常是在演练结束后的第二天。

2）整理分析资料

评估人员对演练期间收集的资料进行整理分析并且把它们转换成包括演练过程、演练中表现出的优势、需要改善的地方等的叙述摘要。每个演练目标和相关的活动都应该有一个叙述摘要。合格的叙述摘要必须满足以下几项要求：第一，要对目标是如何被展开地进行详述；第二，客观地陈述事实和观察结果；第三，突出积极的方面，同时鉴别任何可能存在的问题；第四，避免主观意见；第五，记录存在的问题并且推荐一种改正问题的方法等。通过叙述摘要可以更加容易地识别演练的每个目标的优势和需要加强的地方。在完善叙述摘要和资料分析期间，评估人员应该利用所有可能的资料。这些资料包括在演练期间演练评估指导所包含的内容，参演人员在演练前后的会议中所做的笔记，控制人员和评估人员听取报告会议的笔记，其他任何相关的资料等。为了能提出对提升相关单位准备能力有用的建议，评估人员不仅要知道发生了什么事，还要知道事件为什么会发生。如果每项任务没有像预期的那样被完成，那么就给评估人员提供了一个机会来寻找事情的起因。起因是问题的起源或背后的潜在原因，评估人员对其进行追查可以直接改善存在的问题。

5. 演练评估总结

演练结束后的评估一般包括演练现场点评、参演人员自评以及评估组评估。

1）演练现场点评

演练结束后，可选派演练有关的组织人员、参演人员、评估人员或相关方人员代表等在演练现场对演练中发现的问题及取得的成效进行现场点评。有条件时还可以采用专业评估软件等工具。演练评估系统建设内容包括四个模块，分别为信息管理模块、应急资源管理模块、应急预案管理模块、应急指挥演练模块。四个模块构成一个整体，确保系统的可用性，实现文档数字化管理。

2）参演人员自评

演练结束后，演练单位应组织各参演单位或参演人员进行自评，总结演练中的优点和不足，介绍收获及体会。演练评估人员应参加参演人员自评会并做好记录。为便于演练评估操作，通常事先设计好评估表格，在演练开始前发放演练参与人员评价反馈表，由导调人员提醒演练参与人员填写。该表主要涉及参演者对演练设计、模拟处置过程、应急角色表现等评价，也吸纳其他意见、建议及想法，借此可以更好地了解演练设计和演练参与人员情况。

3）评估组评估

在演练的一个或所有阶段结束后，在演练现场，评估小组内部交换评估意见后，评估人员或评估组负责人针对演练中发现的问题、不足及取得的成效进行内部交换意见。对照事先编制的考核要点和提纲，对演练作出评估，并在总结会上进行点评。

演练结束后，演练评估组组长召集评估人员召开会议，评估人员之间可对各自演练评估记录及发现内容交换意见，分析演练中的重大发现或突出问题，分析演练任务完成情况以及演练表现的优点和不足，针对本次演练提出相关整改建议或改进措施。

6. 编制演练评估报告

评估人员针对演练中观察、记录以及收集的各种信息资料，依据评估标准对应急演练活动全过程进行科学分析和客观评价，明确存在的问题并提出整改要求和措施等。演练主办单位应组织各参演单位和人员协助评估组进行评估，针对演练筹备过程中及演练实施过程中所发现的各类问题，从不同角度提出改进意见和建议，并撰写书面评估报告。

演练评估是指观察和记录演练活动、比较演练人员表现与演练目标要求并提出演练问题，撰写评估报告的过程。演练评估报告是将演练记录和问题进行分类、统计、总结，形成系统的评价意见的文件。评估报告要按照演练指标体系和评估指标体系，分门别类地汇总，计算各项分值或形成评价意见。之后，将各类别的分值或评价意见归纳为一个总表（清单），达成对演练效果的总体评价。

所有的桌面演练和实战演练最终都要有一份评估报告，一般由评估组组长负责完成演练评估报告。通常情况下，评估组组长先准备一个演练评估报告初稿，在报告最终发布之前，报告初稿需要通过演练策划人员、评估人员、地方及其他参与组织的审查。在报告初稿被充分地审查之后，评估组组长出具一份最终的演练评估报告。评估报告重点对演练活动的组织和实施、演练目标的实现、参演人员的表现以及演练中暴露的问题进行评估。

演练评估报告的内容通常包括：

（1）演练基本情况：演练的组织及承办单位、演练形式、演练模拟的突发事件名称、发生的时间和地点、突发事件的情景描述、主要应急行动等。

（2）演练评估过程：演练评估工作的组织实施过程和主要工作安排。

（3）演练情况分析：依据演练评估表格的评估结果，从演练的准备及组织实施情况、参演人员表现等方面具体分析好的做法和存在的问题以及演练目标的实现、演练成本效益分析等。

（4）改进的意见和建议：对演练评估中发现的问题提出整改意见和建议。

（5）评估结论：对演练组织实施情况的综合评价，并给出优（无差错地完成了所有应急演练内容）、良（达到了预期的演练目标，差错较少）、中（存在明显缺陷，但没有影响实现预期的演练目标）、差（出现了重大错误，演练预期目标受到严重影响，演练被迫中止，造成应急行动延误或资源浪费）等评估结论。

演练评估报告应评估参与人员的真实应急准备水平。事件自事发、升级到终止有明显的主线和时间顺序，把演练内容和表现放在应急过程的时间序列中进行评价，相对比较客观。也可以加大演练难度，测试参与人员的真实应急准备水平，在桌面演练的基础上，开展相应的实战演练。在应急管理水平达到一定程度时，还可以尝试进行不打招呼的应急演练，以使演练更加贴近实战，但需要特别注意的是，单位如果准备开展不打招呼的应急演练，必须要对设置的事件有全面了解和掌握，并在人员、场地条件、应急物资等各方面做好充分准备，以防止出现失误或不必要的人员伤害。

此外，评估报告要对演练中发现的问题，按照应急预案的要求，分为不足项、整改项和改进项列出，为应急工作的改进提供直接参考。

（1）不足项。不足项是指演练过程中观察或识别的应急准备缺陷，可能导致在突发事件发生时，影响应急组织采取合理应对措施以保护公众的安全与健康的重大问题。不足项应在规定的时间内予以纠正。可能导致不足项的要素有：职责分配、应急资源、预警方法与程序、通信、灾情评估、人员保护措施、公共信息发布、应急人员安全等。

（2）整改项。整改项是指演练过程中观察或识别出的应急准备缺陷，可能在应急救援中对公众的安全与健康造成不良影响的较大问题。整改项应在下次演练前予以纠正。以下情况整改项可列为不足项：某个应急组织中存在两个以上整改项，共同作用可影响保护公众安全与健康能力的；某个应急组织在多次演练过程中反复出现前次演练发现的整改项问题的。

（3）改进项。改进项是指应急准备中应予以改善和引起注意的问题。改进项不同于不足项和整改项，它不会对人员安全与健康产生严重影响，视情况予以改进，不必一定要求予以特别纠正。

9.2 应急演练的总结

应急演练结束后，对演练情况进行总结是全面评价本次演练是否实现演练目标、应急准备水平以及是否需要改进的一个重要步骤，也是演练人员进行自我评价的机会。应急演练的总结可分为现场总结和事后总结两种①。

9.2.1 现场总结

在演练的一个或所有阶段结束后，由演练总指挥、总策划、专家评估组组长等在演练现场有针对性地进行讲评和总结。现场总结的内容主要包括本阶段的演练目标、参演队伍及人员的表现、演练中暴露的问题、解决问题的办法等。演练导调机制就是要解决在演练过程中出现的系统运转不畅的问题，演练设计标准与演练系统运转实际水平间的差距问题。理想的标准水平是在演练系统各单位之间能够统一认识演练目标，演练行动协调一致，各自功能得以充分发挥的基础上实现的。评估总结实际水平与理想水平间的差距不仅能够清晰地发现演练运转状态从不畅到顺畅的空间维度，而且对协同联动目标效果和演练所处环境状况进行比较和权衡，可以科学指导演练指挥人员根据二者之间差距，实施针对性改进措施，提高演练队伍编成的结构适应性，以实现协同联动的演练目标。

9.2.2 事后总结

演练结束后，由文案组根据演练记录、演练评估报告、应急预案、现场总结等材料，

---

① 《突发事件应急演练指南》“5.2 演练总结”。

对演练进行系统和全面地总结，并形成演练总结报告。演练总结与讲评可以通过访谈、汇报、协商、自我评价、公开会议和通报等形式完成。总策划应在演练结束规定期限内，根据演练评估报告和记录人员在演练过程中记录的资料，以及参演人员访谈资料和公开会议中获得的信息，编写演练总结报告并提交给演练组织单位和上级主管部门。演练总结报告是对演练情况的详细说明和对该次演练的评价。演练参与单位也可对本单位的演练情况进行总结，并形成本单位的演练总结报告。

演练总结报告的内容通常包括以下 4 个方面。

1. 演练的时间、地点和目的

演练总结报告应明确记录应急演练开始和结束的具体时间，在这个时间段开展演练有哪些有利的条件，有哪些需要克服的困难；同时应准确记录应急演练的地点，具体描述演练场地的特征，场地选择受到哪些限制，有没有可以替代的地点。

演练总结报告的内容还应包含演练目的：发现在制定应急预案中还存在哪些问题，以提高应急预案的科学性、实用性和可操作性；通过演练熟悉应急预案，以提高应急人员在紧急情况下妥善处置突发事件的能力；完善应急管理相关部门、单位和人员的工作职责，以提高协调配合能力；向所有参演人员宣传普及应急管理知识，以提高参演人员和观摩人员的风险防范意识；完善本单位以及协作区域的应急管理和应急处置技术，补充应急物资装备，以提高其实用性和可靠性。

2. 参演单位、人员和演练方案概要

演练总结报告应记载参演单位和具体人员，现场演练最常见的演练形式是竞赛和比武，分级别开展模拟实战演练。以应急能力竞赛或救援技术比武为演练形式，可简可繁，方式多变、结合实际、结合基层单位应急能力短板有针对性地开展实训演练。专业救援队伍可以利用计算机虚拟现实技术，开展接近实战要求的、灾害场景多变的、没有脚本、没有方案、随机设计、救援人员共同参与的计算机虚拟推演，不断提高救援人员的应急救援综合能力。

3. 发现的问题与原因

大型综合应急演练应继续加强部门间的协调配合、救灾物资的调配、指挥部成员的指挥决策能力等。应急救援队伍、演练参加人员应在练上下功夫，逐步减少演的成分。彻底改变演练方案单一、脚本固定、演多练少，成本高，在演练过程中还存在不安全因素的问题。随着生产科学技术的不断提升，应急救援演练应适时创新，以练为战、以赛为战应是今后应急演练的主题。为了增强演练效果，体现演练特色，演练着力在创新上下功夫。创新反映在演练的立意新颖、内容丰富、形式多样、装备精良上。在组织协调、参与程度、虚拟演练和指挥平台以及可视化通信系统之间信息的互联互通、信息共享及应急队伍快速反应上有所突破。实战就是从实际出发，演练过程中重点突出一个实字，按应急预案的程序实地、实兵、实装、实操地真实演练。救援人员按实战要求，携带各种装备和材料，完成灾区侦察、急救包扎等实战科目的演练任务。

4. 经验、教训和改进建议

从主办单位到各参演单位，在演练结束后，都应及时做好总结、备案工作，内容应包括演练的时间、地点、预案名称、演练目的、演练过程及评估、存在的问题、整改措施、预案的不符合项、预案修订意见等内容，以便在今后的应急管理工作中作为参考。在下一次开展同类型应急演练时，可重点关注存在的问题是否得到了解决、改善，是否存在重复性问题等。

9.3 应急演练的改进跟踪

应急演练的改进跟踪是指策划组在演练总结与讲评过程结束之后，安排人员督促相关应急组织解决发现的问题或改进事项的活动。应急演练的改进跟踪主要包括修改完善应急预案、有针对性地加强应急人员的教育和培训、对应急物资装备有计划地更新，建立改进任务表，按规定时间对改进情况进行监督检查等。

为确保参演应急组织能从演练中取得最大益处，策划组应对演练中发现的问题进行充分研究，确定导致该问题的根本原因、纠正方法、纠正措施及完成时间，并指定专人负责对演练中发现的不足项和整改项的纠正过程实施追踪，监督检查纠正措施的进展情况，确保在以后的应急响应中不出现同样问题。

9.3.1 应急预案修订完善

应急演练，对演练组织单位和全体参与人员来说，是一次理论、技能、体能的综合性检验和实战考核，应急演练最初的定位就是为预案服务，目的在于通过演练来检验预案的功能和实效。只有思想上高度重视，才能开展科学性、实效性较强的应急演练，并且找出应急程序中的不足，从而有针对性地对已经制定的应急预案进行修订，使应急预案更加完善，也进一步提高应急预案的实用性和可操作性。

演练结束后，应根据演练评估报告、演练总结报告中对应急预案的改进意见及建议，由应急预案编制部门按程序及时对预案进行修订完善。明确应急预案修订的基本要求，并定期进行评审，实现可持续改进。建立周期性修订机制，在预案实战启动、演练结束、应急体系职责变化、相关法律修改以及其他情况下应当及时组织修订，即使上述情况没有变化也应当定期检查修订。

1. 统一认识，及时更新应急预案

应急预案要严格按照相关法律法规以及标准进行制订，而且要与实际状况相结合，科学设置事件等级。因为突发事件的出现没有明确的时间、地点，所以应急预案要及时更新，根据实际情况变化由制订单位及时修订。

应急目标作为应急救援要完成的既定任务，是实现协同联动机制的基本前提。只有统一了目标认识，才能使各单位能够围绕统一认识的目标，有针对性地规划协同联动方式。由于部门意识和个性差异等因素，往往造成各单位在救援过程中，对既定目标认识不一致，于是现场应急存在部门利益冲突隐患，整体效能的实现直接受到影响。为此，统一明确应急目标，以及认清应急行动中的意义和作用是完成协同联动的首要保证。

通过演练可以发现应急预案中存在的问题，为修正预案提供实际资料。尤其是通过演练后的讲评和总结，可以暴露预案中未曾考虑到的问题，并提出改正建议，提高预案质量。明确应急预案实施的具体时间，负责制定与解释的部门。

2. 提高应急预案的适应性

与法律法规不同，应急预案最大的特点就在于其对最新事态的适应性，这也体现了预案的实用性和可操作性。政府部门在突发事件处置完成之后，往往不愿意在事后再进行总结，或者总结时经验说得多，教训谈得少，造成应急预案很难适应新情况和新变化。应急预案不能实现动态更新，或者预案更新滞后，已经成为制约我国应急预案发挥作用的一个重要因素，因此需要建立应急预案动态更新机制，而预案动态更新机制的其中一个方面就是预案演练驱动的应急预案更新机制。虽然应急预案考虑了所有可能出现的情况，也尽可能提前作出了相应的管控措施，但实际面对的各类情况都处在不断的变化中，所以需要通过加强预案演练，不断找出预案中存在的问题并及时建议改进，使预案保持动态更新，提高预案的适应性、实用性、可操作性。

在演练过程中，通过协同联动机制识别，指挥机构能够发现协同联动中的每个环节和整体流程。这是实施协同联动的突破口，而且准确及时识别协同机会，有助于应急体系在全面掌握识别条件和遵循识别原则等内容基础上，采取比较协同成本与协同效应方式，评价协同联动中的所有绩效，从而合理调整队伍编成结构，以获得最大的协同联动效应。

如果救援单位或应急预案之间不能协调一致，无疑会造成行动受阻，运行不顺畅。单位之间缺乏协调仅仅是表面原因，关键在于应急预案的问题。单位内部各成员和演练科目通过平日训练和制定相应应急预案，形成了相对稳定的组合，从而构成单位应急队伍编成。应急队伍编成以一定的结构方式明确了救援体系内部各成员间的职能关系，规定了相互沟通方式和资源配置模式。

应急预案应是相对动态的，即不断变化的，以适应救援现场环境，并直接影响救援效果。应急预案形式要灵活多变，应急演练的时候要灵活面对。导调人员可以针对有关项目随机发问，让参与者立刻回答。不固定演练步骤和人员，这能让演练者积极思考、灵活应对，也可随机换人、调岗，保证所有人员参与。只有体现出即兴观念，才能增强所有参演单位和人员的紧迫感和责任感，真正达到演练目的。

3. 科学选择评估参量，形成和实现过程的约束合力

应急预案体系必须科学选择和培育评估参量，采取有效管理，实现资源优化配置。在演练要素有效整合的推动下以及现场演练场景对救援需求最大值的临界状态下，产生对评估参量的需求，以支配整个演练按照演练预设目标发展。演练在临界点附近时往往产生多个评估指标，其中每个评估指标都对应着一种潜在的、新的有序发展方向，这就造成了在突变分叉点上，系统面临着多条分叉，最终在竞争中取胜的评估参量，指导着整个系统发展变化的方向。评估参量对演练的支配作用是在非线性作用下，不仅使应急资源得到优化配置，而且之间产生了关联放大效应，演练在评估参量的支配作用下由无序的不稳定状态转化成一种新的、有序的稳定状态，即充分适应救援现场场景的应急力量资源编成，实现系统协同联动效应。

在演练协同联动效应的形成过程中，要从救援现场场景条件、演练科目和协同联动能力等方面对演练运行状况进行准确评估，找出协同联动目标差距，明确协同联动的重要性，以强化协同联动效应形成的约束力。明确各参演单位在协同联动中各自职能作用的重要性和协同合作是实现各单位绩效的关键支撑，也是加强各单位间协同联动重要性的协商

约束。在协同联动实现机制中，通过建立严格的管理制度，对各单位在协同联动过程中的协同机会识别、协同绩效评估、信息有效沟通、评估参量选择培育以及资源优化配置管理等环节进行控制，保证演练任务按计划展开实施，实现高效的协同联动效应。

9.3.2 应急管理工作持续改进

演练主办单位在应急演练结束后，应根据应急演练评估报告、总结报告提出的问题和建议，对应急管理工作（包括应急演练工作）进行持续改进。对演练中暴露出来的问题，演练组织单位应当督促相关部门和人员及时研究解决方案，改进应急工作流程，修订相关应急预案和工作制度，完善应急技术支撑体系，强化信息报告和应急联动机制。并尽可能做到举一反三、反思提升，通过应急演练提高应对各类突发事件的能力，达到检验预案、磨合机制、锻炼队伍和宣传教育的基本目的。

1. 加强演练信息沟通

应急演练信息沟通是否有效直接关系到演练协同联动效果。通过进行及时、有效的信息沟通，准确快速地获知演练过程中各种变化的信息，指导参演单位科学组合和及时调整，从而使各类信息本身的价值得到最大限度的发挥。演练指挥人员和各参演单位借助有效信息沟通能够清晰地把握和认同协同联动机会，并自觉转化为统一行动，确保协同联动顺利进行。信息的有效沟通能够实现资源按照协同目标统一整合。大量有效信息的掌握必然是实现应急整体协同联动效果的保证。只有掌握大量有效信息，才能通过综合、联系、沟通、交叉、渗透和关联等方式，整合优化配置，而且能够减少因目标冲突造成的救援队伍和任务之间的内耗现象，最终实现良性循环和应急资源能效的最大限度发挥。

2. 开展常态化应急演练

要通过常态化、实战化演练，使预案更加完善科学。平时要加强宣传和教育，所有工作人员要树立危机观念，而且还要为应急管理做思想、物资和技术方面的准备。在演练过程中或演练结束后，可以组织参演人员介绍本单位的救援案例，并进行交流和讨论。

应急演练要与提高实战能力相结合，与普及应急知识相结合，与提高忧患意识和应急能力相结合。开展常态化应急演练要把握几个要点：一是要突出重点，不要求大求全；二是要注重实效，为战而练，不要流于形式，为演而练；三是要厉行节约，不要铺张浪费；四是要不怕在演练过程中发现问题、短板和不足；五是要确保演练过程中的安全。

演练中，应贯彻以人为本、科学施训的演练理念，同时实施统一领导、综合协调、分级负责的应急处置原则，参演人员、演练科目、演练内容、场景应经过精心准备。对所有的演练人员、场地、设备等环节进行危险源辨识，制定安全管理和防控措施，确保整个演练工作在安全的条件下顺利进行。

演练组织单位要注重对演练参与单位及人员的考核与奖惩。对在演练过程中表现突出的单位及个人，给予表彰和奖励；对不按要求参加演练，或影响演练正常开展的，可给予相应批评。

【本章重点】

1. 演练评估是指在全面分析演练记录及相关资料的基础上，对比参演人员的表现和演练方案中所设定的目标要求，对演练活动及其组织过程作出客观评价，并编写演练评估报告的过程。

2. 演练评估的内容提纲包括预警与信息报告、紧急动员、监测与评估、指挥和协调、应急处置、应急资源管理、应急通信、公共关系、人员保护、警戒与管制、医疗救护以及现场控制及恢复。

3. 应急演练评估通常包括成立评估组织、选择评估方法、制定评估方案与标准、演练评估实施、演练评估总结、编制演练评估报告六个步骤。

4. 应急演练现场总结的内容主要包括本阶段的演练目标、参演队伍及人员的表现、演练中暴露的问题、解决问题的办法等。

5. 应急演练的改进跟踪主要包括修改完善应急预案、有针对性地加强应急人员的教育和培训、对应急物资装备有计划地更新，建立改进任务表，按规定时间对改进情况进行监督检查等。

【本章习题】

1. 应急演练评估的目的是什么？
2. 简述应急演练评估的主要内容和程序。
3. 应急演练结束后，应该从哪些方面进行持续改进？

图书在版编目（CIP）数据

应急预案编制与演练 / 申霞主编．-- 北京：应急管理出版社，2023（2024.4 重印）

普通高等学校应急管理系列教材

ISBN 978－7－5020－8633－6

Ⅰ.①应…　Ⅱ.①申…　Ⅲ.①突发事件—公共管理—高等学校—教材　Ⅳ.①D035.29

中国国家版本馆 CIP 数据核字（2023）第 122456 号

应急预案编制与演练（普通高等学校应急管理系列教材）

主　　编　申　霞
责任编辑　郭玉娟
责任校对　张艳蕾
封面设计　罗针盘

出版发行　应急管理出版社（北京市朝阳区芍药居 35 号　100029）
电　　话　010－84657898（总编室）　010－84657880（读者服务部）
网　　址　www.cciph.com.cn
印　　刷　河北鹏远艺兴科技有限公司
经　　销　全国新华书店

开　　本　787mm × 1092mm 1/16　**印张**　10 1/2　**字数**　234 千字
版　　次　2023 年 7 月第 1 版　2024 年 4 月第 3 次印刷
社内编号　20230705　**定价**　42.00 元